FOREWORD

The collection of "Everything Will Be Okay" travel phrasebooks published by T&P Books is designed for people traveling abroad for tourism and business. The phrasebooks contain what matters most - the essentials for basic communication. This is an indispensable set of phrases to "survive" while abroad.

This phrasebook will help you in most cases where you need to ask something, get directions, find out how much something costs, etc. It can also resolve difficult communication situations where gestures just won't help.

This book contains a lot of phrases that have been grouped according to the most relevant topics. The edition also includes a small vocabulary that contains roughly 3,000 of the most frequently used words. Another section of the phrasebook provides a gastronomical dictionary that may help you order food at a restaurant or buy groceries at the store.

Take "Everything Will Be Okay" phrasebook with you on the road and you'll have an irreplaceable traveling companion who will help you find your way out of any situation and teach you to not fear speaking with foreigners.

TABLE OF CONTENTS

T&P Books Publishing

T&P Books Publishing

PHRASEBOOK

— TURKISH —

By Andrey Taranov

THE MOST IMPORTANT PHRASES

This phrasebook contains
the most important
phrases and questions
for basic communication
Everything you need
to survive overseas

T&P BOOKS

Phrasebook + 3000-word dictionary

English-Turkish phrasebook & topical vocabulary

By Andrey Taranov

The collection of "Everything Will Be Okay" travel phrasebooks published by T&P Books is designed for people traveling abroad for tourism and business. The phrasebooks contain what matters most - the essentials for basic communication. This is an indispensable set of phrases to "survive" while abroad.

This book also includes a small topical vocabulary that contains roughly 3,000 of the most frequently used words. Another section of the phrasebook provides a gastronomical dictionary that may help you order food at a restaurant or buy groceries at the store.

T&P Books Publishing
www.tpbooks.com

ISBN: 978-1-78492-458-4

This book is also available in E-book formats.
Please visit www.tpbooks.com or the major online bookstores.

PRONUNCIATION

Letter	Turkish example	T&P phonetic alphabet	English example

Vowels

Letter	Turkish example	T&P phonetic alphabet	English example
A a	ada	[a]	shorter than in ask
E e	eş	[e]	elm, medal
I ı	tıp	[ı]	big, America
İ i	isim	[i]	shorter than in feet
O o	top	[ɔ]	bottle, doctor
Ö ö	ödül	[ø]	eternal, church
U u	mum	[u]	book
Ü ü	süt	[y]	fuel, tuna

Consonants

Letter	Turkish example	T&P phonetic alphabet	English example
B b	baba	[b]	baby, book
C c	cam	[dʒ]	joke, general
Ç ç	çay	[tʃ]	church, French
D d	diş	[d]	day, doctor
F f	fikir	[f]	face, food
G g	güzel	[g]	game, gold
Ğ ğ ¹	oğul		no sound
Ğ ğ ²	öğle vakti	[j]	yes, New York
H h	hata	[h]	home, have
J j	jest	[ʒ]	forge, pleasure
K k	komşu	[k]	clock, kiss
L l	lise	[l]	lace, people
M m	meydan	[m]	magic, milk
N n	neşe	[n]	name, normal
P p	posta	[p]	pencil, private
R r	rakam	[r]	rice, radio
S s	sabah	[s]	city, boss
Ş ş	şarkı	[ʃ]	machine, shark
T t	tren	[t]	tourist, trip

Letter	Turkish example	T&P phonetic alphabet	English example
V v	vazo	[v]	very, river
Y y	yaş	[j]	yes, New York
Z z	zil	[z]	zebra, please

Comments

[*] Letters Ww, Xx used in foreign words only
[1] silent after hard vowels (a, ı, o, u) and lengthens this vowel
[2] after soft vowels (e, i, ö, ü)

LIST OF ABBREVIATIONS

English abbreviations

ab.	-	about
adj	-	adjective
adv	-	adverb
anim.	-	animate
as adj	-	attributive noun used as adjective
e.g.	-	for example
etc.	-	et cetera
fam.	-	familiar
fem.	-	feminine
form.	-	formal
inanim.	-	inanimate
masc.	-	masculine
math	-	mathematics
mil.	-	military
n	-	noun
pl	-	plural
pron.	-	pronoun
sb	-	somebody
sing.	-	singular
sth	-	something
v aux	-	auxiliary verb
vi	-	intransitive verb
vi, vt	-	intransitive, transitive verb
vt	-	transitive verb

TURKISH
PHRASEBOOK

This section contains
important phrases that may
come in handy in various
real-life situations.
The phrasebook will help
you ask for directions, clarify
a price, buy tickets, and
order food at a restaurant

T&P Books Publishing

PHRASEBOOK
CONTENTS

T&P Books Publishing

The bare minimum

Excuse me, ...	**Affedersiniz, ...** [affedɛrsiniz, ...]
Hello.	**Merhaba.** [mɛrhaba]
Thank you.	**Teşekkürler.** [tɛʃekkyrlɛr]
Good bye.	**Hoşça kalın.** [hoʃʧa kalın]
Yes.	**Evet.** [ɛvet]
No.	**Hayır.** [hajır]
I don't know.	**Bilmiyorum.** [bilmijorum]
Where? | Where to? | When?	**Nerede? | Nereye? | Ne zaman?** [nɛrɛdɛ? | nɛrɛje? | nɛ zaman?]

I need ...	**Bana ... lazım.** [bana ... lazım]
I want ...	**... istiyorum.** [... istijorum]
Do you have ...?	**Sizde ... var mı?** [sizdɛ ... var mı?]
Is there a ... here?	**Burada ... var mı?** [burada ... var mı?]
May I ...?	**... yapabilir miyim?** [... japabilir mijim?]
..., please (polite request)	**..., lütfen** [..., lytfɛn]

I'm looking for ...	**Ben ... arıyorum.** [ben ... arıjorum]
restroom	**tuvaleti** [tuvaleti]
ATM	**bankamatik** [bankamatik]
pharmacy (drugstore)	**eczane** [ɛdʒzane]
hospital	**hastane** [hastanɛ]
police station	**karakolu** [karakolu]
subway	**metroyu** [metroju]

taxi	**taksi** [taksi]
train station	**tren istasyonunu** [tren istasjonunu]

My name is ...	**Benim adım ...** [benim adım ...]
What's your name?	**Adınız nedir?** [adınız nɛdir?]
Could you please help me?	**Bana yardım edebilir misiniz, lütfen?** [bana jardım ɛdɛbilir misiniz, lytfɛn?]
I've got a problem.	**Bir sorunum var.** [bir sorunum var]
I don't feel well.	**Kendimi iyi hissetmiyorum.** [kendimi iji hissɛtmijorum]
Call an ambulance!	**Ambulans çağırın!** [ambulans ʧaːırın!]
May I make a call?	**Telefonunuzdan bir arama yapabilir miyim?** [tɛlefonunuzdan bir arama japabilir mijim?]

I'm sorry.	**Üzgünüm.** [yzgynym]
You're welcome.	**Rica ederim.** [ridʒa ɛdɛrim]

I, me	**Ben, bana** [ben, bana]
you (inform.)	**sen** [sen]
he	**o** [o]
she	**o** [o]
they (masc.)	**onlar** [onlar]
they (fem.)	**onlar** [onlar]
we	**biz** [biz]
you (pl)	**siz** [siz]
you (sg, form.)	**siz** [siz]

ENTRANCE	**GİRİŞ** [giriʃ]
EXIT	**ÇIKIŞ** [ʧikiʃ]
OUT OF ORDER	**HİZMET DIŞI** [hizmɛt diʃi]

13

CLOSED

KAPALI
[kapali]

OPEN

AÇIK
[aʧik]

FOR WOMEN

KADINLAR İÇİN
[kadinlar iʧin]

FOR MEN

ERKEKLER İÇİN
[ɛrkeklɛr iʧin]

Questions

Where?	**Nerede?** [nɛrɛdɛ?]
Where to?	**Nereye?** [nɛrɛje?]
Where from?	**Nereden?** [nɛrɛdɛn?]
Why?	**Neden?** [nɛdɛn?]
For what reason?	**Niçin?** [nitʃin?]
When?	**Ne zaman?** [nɛ zaman?]

How long?	**Ne kadar sürdü?** [nɛ kadar syrdy?]
At what time?	**Ne zaman?** [nɛ zaman?]
How much?	**Ne kadar?** [nɛ kadar?]
Do you have ...?	**Sizde ... var mı?** [sizdɛ ... var mı?]
Where is ...?	**... nerede?** [... nɛrɛdɛ?]

What time is it?	**Saat kaç?** [saat katʃ?]
May I make a call?	**Telefonunuzdan bir arama yapabilir miyim?** [tɛlefonunuzdan bir arama japabilir mijim?]
Who's there?	**Kim o?** [kim o?]
Can I smoke here?	**Burada sigara içebilir miyim?** [burada sigara itʃebilir mijim?]
May I ...?	**... yapabilir miyim?** [... japabilir mijim?]

Needs

I'd like ...	... **istiyorum.** [... istijorum]
I don't want ...	... **istemiyorum.** [... istɛmijorum]
I'm thirsty.	**Susadım.** [susadım]
I want to sleep.	**Uyumak istiyorum.** [ujumak istijorum]

I want ...	... **istiyorum.** [... istijorum]
to wash up	**Elimi yüzümü yıkamak** [ɛlimi jyzymy jıkamak]
to brush my teeth	**Dişlerimi fırçalamak** [diʃlerimi fırtʃalamak]
to rest a while	**Biraz dinlenmek** [biraz dinlenmek]
to change my clothes	**Üstümü değiştirmek** [ystymy dɛ:iʃtirmek]

to go back to the hotel	**Otele geri dönmek** [otɛle geri dønmek]
to buy ...	... **satın almak** [... satın almak]
to go to ...	... **gitmek** [... gitmek]
to visit ...	... **ziyaret etmek** [... zijarɛt ɛtmek]
to meet with ...	... **ile buluşmak** [... ile buluʃmak]
to make a call	**Bir arama yapmak** [bir arama japmak]

I'm tired.	**Yorgunum.** [jorgunum]
We are tired.	**Yorgunuz.** [jorgunuz]
I'm cold.	**Üşüdüm.** [yʃydym]
I'm hot.	**Sıcakladım.** [sıdʒakladım]
I'm OK.	**İyiyim.** [ijijim]

I need to make a call.

Telefon etmem lazım.
[tɛlefon ɛtmɛm lazım]

I need to go to the restroom.

Lavaboya gitmem lazım.
[lavaboja gitmɛm lazım]

I have to go.

Gitmem gerek.
[gitmɛm gerek]

I have to go now.

Artık gitmem gerek.
[artık gitmɛm gerek]

Asking for directions

Excuse me, ...	**Affedersiniz, ...** [affedεrsiniz, ...]
Where is ...?	**... nerede?** [... nεrεdε?]
Which way is ...?	**... ne tarafta?** [... nε tarafta?]
Could you help me, please?	**Bana yardımcı olabilir misiniz, lütfen?** [bana jardımʤı olabilir misiniz, lytfεn?]

I'm looking for ...	**... arıyorum.** [... arıjorum]
I'm looking for the exit.	**Çıkışı arıyorum.** [ʧıkıʃı arıjorum]
I'm going to ...	**... gidiyorum.** [... gidijorum]
Am I going the right way to ...?	**... gitmek için doğru yolda mıyım?** [... gitmek iʧin do:ru jolda mıjım?]

Is it far?	**Uzak mıdır?** [uzak mıdır?]
Can I get there on foot?	**Oraya yürüyerek gidebilir miyim?** [oraja jyryjerek gidεbilir mijim?]
Can you show me on the map?	**Yerini haritada gösterebilir misiniz?** [jerini haritada gøstεrεbilir misiniz?]
Show me where we are right now.	**Şu an nerede olduğumuzu gösterir misiniz?** [ʃu an nεrεdε oldu:umuzu gøstεrir misiniz?]

Here	**Burada** [burada]
There	**Orada** [orada]
This way	**Bu taraftan** [bu taraftan]

Turn right.	**Sağa dönün.** [sa:a dønyn]
Turn left.	**Sola dönün.** [sola dønyn]
first (second, third) turn	**ilk (ikinci, üçüncü) çıkış** [ilk (ikinʤi, yʧynʤy) ʧıkıʃ]
to the right	**sağa** [sa:a]

to the left

sola
[sola]

Go straight.

Dümdüz gidin.
[dymdyz gidin]

Signs

WELCOME!	**HOŞ GELDİNİZ!** [hoʃ gɛldiniz!]
ENTRANCE	**GİRİŞ** [giriʃ]
EXIT	**ÇIKIŞ** [ʧikiʃ]

PUSH	**İTİNİZ** [itiniz]
PULL	**ÇEKİNİZ** [ʧekiniz]
OPEN	**AÇIK** [aʧik]
CLOSED	**KAPALI** [kapali]

FOR WOMEN	**BAYAN** [bajan]
FOR MEN	**BAY** [baj]
MEN, GENTS	**BAY** [baj]
WOMEN, LADIES	**BAYAN** [bajan]

DISCOUNTS	**İNDİRİM** [indirim]
SALE	**İNDİRİM** [indirim]
FREE	**BEDAVA** [bedava]
NEW!	**YENİ!** [jeni!]
ATTENTION!	**DİKKAT!** [dikkat!]

NO VACANCIES	**BOŞ YER YOK** [boʃ jer jok]
RESERVED	**REZERVE** [rezɛrvɛ]
ADMINISTRATION	**MÜDÜRİYET** [mydyrijet]
STAFF ONLY	**PERSONEL HARİCİ GİRİLMEZ** [personɛl haridʒi girilmɛz]

BEWARE OF THE DOG!	**DİKKAT KÖPEK VAR!** [dikkat køpek var!]
NO SMOKING!	**SİGARA İÇMEK YASAKTIR!** [sigara itʃmek jasaktir!]
DO NOT TOUCH!	**DOKUNMAYINIZ!** [dokunmajiniz!]
DANGEROUS	**TEHLİKELİ** [tehlikɛli]
DANGER	**TEHLİKE** [tehlikɛ]
HIGH VOLTAGE	**YÜKSEK GERİLİM** [jyksek gerilim]
NO SWIMMING!	**YÜZMEK YASAKTIR!** [jyzmek jasaktir!]

OUT OF ORDER	**HİZMET DIŞI** [hizmɛt diʃi]
FLAMMABLE	**YANICI** [janidʒi]
FORBIDDEN	**YASAK** [jasak]
NO TRESPASSING!	**GİRİLMEZ!** [girilmɛz!]
WET PAINT	**YENİ BOYANMIŞ ALAN** [jeni bojanmiʃ alan]

CLOSED FOR RENOVATIONS	**TADİLAT SEBEBİYLE KAPALIDIR** [tadilat sebɛbijlɛ kapalidir]
WORKS AHEAD	**İLERİDE YOL ÇALIŞMASI VAR** [ileridɛ jol tʃaliʃmasi var]
DETOUR	**TALİ YOL** [tali jol]

Transportation. General phrases

plane	**uçak** [utʃak]
train	**tren** [tren]
bus	**otobüs** [otobys]
ferry	**feribot** [feribot]
taxi	**taksi** [taksi]
car	**araba** [araba]

schedule	**tarife** [tarifɛ]
Where can I see the schedule?	**Tarifeyi nereden görebilirim?** [tarifɛji nɛrɛdɛn gørebilirim?]
workdays (weekdays)	**haftaiçi** [hafta itʃi]
weekends	**haftasonu** [hafta sonu]
holidays	**tatil günleri** [tatil gynleri]

DEPARTURE	**KALKIŞ** [kalkiʃ]
ARRIVAL	**VARIŞ** [variʃ]
DELAYED	**RÖTARLI** [røtarli]
CANCELED	**İPTAL** [iptal]

next (train, etc.)	**bir sonraki** [bir sonraki]
first	**ilk** [ilk]
last	**son** [son]

When is the next ...?	**Bir sonraki ... ne zaman?** [bir sonraki ... nɛ zaman?]
When is the first ...?	**İlk ... ne zaman?** [ilk ... nɛ zaman?]

When is the last ...?

Son ... ne zaman?
[son ... nɛ zaman?]

transfer (change of trains, etc.)

aktarma
[aktarma]

to make a transfer

aktarma yapmak
[aktarma japmak]

Do I need to make a transfer?

Aktarma yapmam gerekiyor mu?
[aktarma japmam gerekijor mu?]

Buying tickets

Where can I buy tickets?	**Nereden bilet alabilirim?** [nɛrɛdɛn bilet alabilirim?]
ticket	**bilet** [bilet]
to buy a ticket	**bilet almak** [bilet almak]
ticket price	**bilet fiyatı** [bilet fijatı]

Where to?	**Nereye?** [nɛrɛje?]
To what station?	**Hangi istasyona?** [hangi istasjona?]
I need ...	**Bana ... lazım.** [bana ... lazım]
one ticket	**bir bilet** [bir bilet]
two tickets	**iki bilet** [iki bilet]
three tickets	**üç bilet** [ytʃ bilet]

one-way	**tek yön** [tek jøn]
round-trip	**gidiş-dönüş** [gidiʃ-dønyʃ]
first class	**birinci sınıf** [birindʒi sınıf]
second class	**ikinci sınıf** [ikindʒi sınıf]

today	**bugün** [bugyn]
tomorrow	**yarın** [jarın]
the day after tomorrow	**yarından sonraki gün** [jarından sonraki gyn]
in the morning	**sabah** [sabah]
in the afternoon	**öğleden sonra** [øːøledɛn sonra]
in the evening	**akşam** [akʃam]

aisle seat	**koridor tarafı koltuk** [koridor tarafı koltuk]
window seat	**pencere kenarı koltuk** [pendʒɛrɛ kɛnarı koltuk]
How much?	**Ne kadar?** [nɛ kadar?]
Can I pay by credit card?	**Kredi kartıyla ödeyebilir miyim?** [krɛdi kartıjla ødejebilir mijim?]

Bus

bus	**otobüs** [otobys]
intercity bus	**şehirler arası otobüs** [ʃɛhirlɛr arası otobys]
bus stop	**otobüs durağı** [otobys dura:ı]
Where's the nearest bus stop?	**En yakın otobüs durağı nerede?** [ɛn jakın otobys dura:ı nɛrɛdɛ?]

number (bus ~, etc.)	**numara** [numara]
Which bus do I take to get to ...?	**... gitmek için hangi otobüse binmem lazım?** [... gitmek iʧin hangi otobysɛ binmem lazım?]
Does this bus go to ...?	**Bu otobüs ... gider mi?** [bu otobys ... gidɛr mi?]
How frequent are the buses?	**Ne sıklıkta otobüs var?** [nɛ sıklıkta otobys var?]

every 15 minutes	**on beş dakikada bir** [on beʃ dakikada bir]
every half hour	**her yarım saatte bir** [hɛr jarım saattɛ bir]
every hour	**saat başı** [saat baʃı]
several times a day	**günde birçok sefer** [gyndɛ birʧok sefɛr]
... times a day	**günde ... kere** [gyndɛ ... kerɛ]

schedule	**tarife** [tarifɛ]
Where can I see the schedule?	**Tarifeyi nereden görebilirim?** [tarifɛji nɛrɛdɛn gørebilirim?]

When is the next bus?	**Bir sonraki otobüs ne zaman?** [bir sonraki otobys nɛ zaman?]
When is the first bus?	**İlk otobüs ne zaman?** [ilk otobys nɛ zaman?]
When is the last bus?	**Son otobüs ne zaman?** [son otobys nɛ zaman?]
stop	**durak** [durak]

next stop

sonraki durak
[sonraki durak]

last stop (terminus)

son durak
[son durak]

Stop here, please.

Burada durun lütfen.
[burada durun lytfɛn]

Excuse me, this is my stop.

Affedersiniz, bu durakta ineceğim.
[affedɛrsiniz, bu durakta inedʒɛ:im]

Train

train	**tren** [tren]
suburban train	**banliyö treni** [banlijø treni]
long-distance train	**uzun mesafe treni** [uzun mesafɛ treni]
train station	**tren istasyonu** [tren istasjonu]
Excuse me, where is the exit to the platform?	**Affedersiniz, perona nasıl gidebilirim?** [affedɛrsiniz, pɛrona nasıl gidɛbilirim?]

Does this train go to …?	**Bu tren … gider mi?** [bu tren … gidɛr mi?]
next train	**bir sonraki tren** [bir sonraki tren]
When is the next train?	**Bir sonraki tren ne zaman?** [bir sonraki tren nɛ zaman?]
Where can I see the schedule?	**Tarifeyi nereden görebilirim?** [tarifɛji nɛrɛdɛn gørebilirim?]
From which platform?	**Hangi perondan?** [hangi perondan?]
When does the train arrive in …?	**Tren … ne zaman varır?** [tren … nɛ zaman varır?]

Please help me.	**Lütfen bana yardımcı olur musunuz?** [lytfɛn bana jardımdʒı olur musunuz?]
I'm looking for my seat.	**Yerimi arıyorum.** [jerimi arıjorum]
We're looking for our seats.	**Yerlerimizi arıyoruz.** [jerlerimizi arıjoruz]
My seat is taken.	**Yerimde başkası oturuyor.** [jerimdɛ baʃkası oturujor]
Our seats are taken.	**Yerlerimizde başkaları oturuyor.** [jerlerimizdɛ baʃkaları oturujor]

I'm sorry but this is my seat.	**Affedersiniz, bu benim koltuğum.** [affedɛrsiniz, bu benim koltu:um]
Is this seat taken?	**Bu koltuk boş mu?** [bu koltuk boʃ mu?]
May I sit here?	**Buraya oturabilir miyim?** [buraja oturabilir mijim?]

On the train. Dialogue (No ticket)

Ticket, please.

Bilet, lütfen.
[bilet, lytfɛn]

I don't have a ticket.

Biletim yok.
[biletim jok]

I lost my ticket.

Biletimi kaybettim.
[biletimi kajbɛttim]

I forgot my ticket at home.

Biletimi evde unuttum.
[biletimi evdɛ unuttum]

You can buy a ticket from me.

Biletinizi benden alabilirsiniz.
[biletinizi bɛndɛn alabilirsiniz]

You will also have to pay a fine.

Ceza da ödemek zorundasınız.
[dʒɛza da ødɛmek zorundasınız]

Okay.

Tamam.
[tamam]

Where are you going?

Nereye gidiyorsunuz?
[nɛrɛje gidijorsunuz?]

I'm going to ...

... gidiyorum.
[... gidijorum]

How much? I don't understand.

Ne kadar? Anlamıyorum.
[nɛ kadar? anlamıjorum]

Write it down, please.

Yazar mısınız, lütfen?
[jazar mısınız, lytfɛn?]

Okay. Can I pay with a credit card?

Tamam. Kredi kartıyla ödeyebilir miyim?
[tamam. krɛdi kartıjla ødejebilir mijim?]

Yes, you can.

Evet, olur.
[ɛvet, olur]

Here's your receipt.

Buyrun, makbuzunuz.
[bujrun, makbuzunuz]

Sorry about the fine.

Ceza için üzgünüm.
[dʒɛza itʃin yzgynym]

That's okay. It was my fault.

Önemli değil. Benim hatamdı.
[ønemli dɛ:il. benim hatamdı]

Enjoy your trip.

İyi yolculuklar.
[iji joldʒuluklar]

Taxi

taxi	**taksi** [taksi]
taxi driver	**taksi şoförü** [taksi ʃoføry]
to catch a taxi	**taksiye binmek** [taksije binmek]
taxi stand	**taksi durağı** [taksi duraːɪ]
Where can I get a taxi?	**Nereden taksiye binebilirim?** [nɛrɛdɛn taksije binɛbilirim?]

to call a taxi	**taksi çağırmak** [taksi ʧaːɪrmak]
I need a taxi.	**Bana bir taksi lazım.** [bana bir taksi lazɪm]
Right now.	**Hemen şimdi.** [hemɛn ʃimdi]
What is your address (location)?	**Adresiniz nedir?** [adrɛsiniz nɛdir?]
My address is ...	**Adresim ...** [adrɛsim ...]
Your destination?	**Nereye gideceksiniz?** [nɛrɛje gidɛʤeksiniz?]

Excuse me, ...	**Affedersiniz, ...** [affedɛrsiniz, ...]
Are you available?	**Müsait misiniz?** [mysait misiniz?]
How much is it to get to ...?	**... gitmek ne kadar tutar?** [... gitmek nɛ kadar tutar?]
Do you know where it is?	**Nerede olduğunu biliyor musunuz?** [nɛrɛdɛ olduːunu bilijor musunuz?]
Airport, please.	**Havalimanı, lütfen.** [havalimanı, lytfɛn]
Stop here, please.	**Burada durun, lütfen.** [burada durun, lytfɛn]
It's not here.	**Burası değil.** [burası dɛːil]
This is the wrong address.	**Bu adres yanlış.** [bu adres janlıʃ]
Turn left.	**Sola dönün.** [sola dønyn]
Turn right.	**Sağa dönün.** [saːa dønyn]

How much do I owe you?	**Borcum ne kadar?** [bordʒum nɛ kadar?]
I'd like a receipt, please.	**Fiş alabilir miyim, lütfen?** [fiʃ alabilir mijim, lytfɛn?]
Keep the change.	**Üstü kalsın.** [ysty kalsın]
Would you please wait for me?	**Beni bekleyebilir misiniz, lütfen?** [beni beklejebilir misiniz, lytfɛn?]
five minutes	**beş dakika** [beʃ dakika]
ten minutes	**on dakika** [on dakika]
fifteen minutes	**on beş dakika** [on beʃ dakika]
twenty minutes	**yirmi dakika** [jirmi dakika]
half an hour	**yarım saat** [jarım saat]

Hotel

Hello.	**Merhaba.** [mɛrhaba]
My name is …	**Adım …** [adım …]
I have a reservation.	**Rezervasyonum var.** [rezɛrvasjonum var]

I need …	**Bana … lazım.** [bana … lazım]
a single room	**tek kişilik bir oda** [tek kiʃilik bir oda]
a double room	**çift kişilik bir oda** [ʧift kiʃilik bir oda]
How much is that?	**Ne kadar tuttu?** [nɛ kadar tuttu?]
That's a bit expensive.	**Bu biraz pahalı.** [bu biraz pahalı]

Do you have any other options?	**Elinizde başka seçenek var mı?** [ɛlinizdɛ baʃka seʧɛnek var mı?]
I'll take it.	**Bunu alıyorum.** [bunu alıjorum]
I'll pay in cash.	**Peşin ödeyeceğim.** [peʃin ødejedʒɛ:im]

I've got a problem.	**Bir sorunum var.** [bir sorunum var]
My … is broken.	**… bozuk.** [… bozuk]
My … is out of order.	**… çalışmıyor.** [… ʧalıʃmıjor]
TV	**Televizyon** [tɛlevizjon]
air conditioning	**Klima** [klima]
tap	**Musluk** [musluk]

shower	**Duş** [duʃ]
sink	**Lavabo** [lavabo]
safe	**Kasa** [kasa]

door lock	**Kapı kilidi** [kapı kilidi]
electrical outlet	**Priz** [priz]
hairdryer	**Saç kurutma makinesi** [saʧ kurutma makinɛsi]

I don't have ...	**... yok** [... joːk]
water	**Su** [su]
light	**Işık** [iʃık]
electricity	**Elektrik** [ɛlektrik]

Can you give me ...?	**Bana ... verebilir misiniz?** [bana ... vɛrɛbilir misiniz?]
a towel	**bir havlu** [bir havlu]
a blanket	**bir battaniye** [bir battanije]
slippers	**bir terlik** [bir tɛrlik]
a robe	**bir bornoz** [bir bornoz]
shampoo	**biraz şampuan** [biraz ʃampuan]
soap	**biraz sabun** [biraz sabun]

I'd like to change rooms.	**Odamı değiştirmek istiyorum.** [odamı dɛːiʃtirmek istijorum]
I can't find my key.	**Anahtarımı bulamıyorum.** [anahtarımı bulamıjorum]
Could you open my room, please?	**Odamı açabilir misiniz, lütfen?** [odamı aʧabilir misiniz, lytfɛn?]
Who's there?	**Kim o?** [kim o?]
Come in!	**Girin!** [girin!]
Just a minute!	**Bir dakika!** [bir dakika!]
Not right now, please.	**Lütfen şimdi değil.** [lytfɛn ʃimdi dɛːil]

Come to my room, please.	**Odama gelin, lütfen.** [odama gelin, lytfɛn]
I'd like to order food service.	**Odama yemek siparişi vermek istiyorum.** [odama jemek sipariʃi vɛrmek istijorum]

My room number is ...	**Oda numaram ...** [oda numaram ...]
I'm leaving ...	**... gidiyorum.** [... gidijorum]
We're leaving ...	**... gidiyoruz.** [... gidijoruz]
right now	**şimdi** [ʃimdi]
this afternoon	**öğleden sonra** [ø:øledɛn sonra]
tonight	**bu akşam** [bu akʃam]
tomorrow	**yarın** [jarın]
tomorrow morning	**yarın sabah** [jarın sabah]
tomorrow evening	**yarın akşam** [jarın akʃam]
the day after tomorrow	**yarından sonraki gün** [jarından sonraki gyn]

I'd like to pay.	**Ödeme yapmak istiyorum.** [ødɛmɛ japmak istijorum]
Everything was wonderful.	**Herşey harikaydı.** [hɛrʃej harikajdı]
Where can I get a taxi?	**Nereden taksiye binebilirim?** [nɛrɛdɛn taksije binɛbilirim?]
Would you call a taxi for me, please?	**Bana bir taksi çağırır mısınız, lütfen?** [bana bir taksi ʧa:ırır mısınız, lytfɛn?]

Restaurant

Can I look at the menu, please?

Menüye bakabilir miyim, lütfen?
[mɛnyje bakabilir mijim, lytfɛn?]

Table for one.

Bir kişilik masa.
[bir kiʃilik masa]

There are two (three, four) of us.

İki (üç, dört) kişiyiz.
[iki (ytʃ, døɾt) kiʃijiz]

Smoking

Sigara içilen bölüm
[sigara itʃilɛn bølym]

No smoking

Sigara içilmeyen bölüm
[sigara itʃilmejen bølym]

Excuse me! (addressing a waiter)

Affedersiniz!
[affedɛrsiniz!]

menu

menü
[mɛny]

wine list

şarap listesi
[ʃarap listɛsi]

The menu, please.

Menü, lütfen.
[mɛny, lytfɛn]

Are you ready to order?

Sipariş vermeye hazır mısınız?
[sipariʃ vermɛje hazır mısınız?]

What will you have?

Ne alırsınız?
[nɛ alırsınız?]

I'll have ...

... alacağım.
[... aladʒaːım]

I'm a vegetarian.

Ben vejetaryenim.
[ben veʒetarjenim]

meat

et
[ɛt]

fish

balık
[balık]

vegetables

sebze
[sebzɛ]

Do you have vegetarian dishes?

Vejetaryen yemekleriniz var mı?
[veʒetarjen jemekleriniz var mı?]

I don't eat pork.

Domuz eti yemem.
[domuz ɛti jemɛm]

He /she/ doesn't eat meat.

O et yemez.
[o ɛt jemɛz]

I am allergic to ...

... alerjim var.
[... alerʒim var]

Would you please bring me ...

Bana ... getirir misiniz, lütfen?
[bana ... getirir misiniz, lytfɛn?]

salt | pepper | sugar	**tuz | biber | şeker** [tuz | bibɛr | ʃekɛr]
coffee | tea | dessert	**kahve | çay | tatlı** [kahvɛ | ʧaj | tatlı]
water | sparkling | plain	**su | maden | içme** [su | madɛn | iʧmɛ]
a spoon | fork | knife	**kaşık | çatal | bıçak** [kaʃık | ʧatal | bıʧak]
a plate | napkin	**tabak | peçete** [tabak | peʧɛtɛ]

Enjoy your meal!	**Afiyet olsun!** [afijet olsun!]
One more, please.	**Bir tane daha, lütfen.** [bir tanɛ daha, lytfɛn]
It was very delicious.	**Çok lezzetliydi.** [ʧok lezzɛtlijdi]

check | change | tip	**hesap | para üstü | bahşiş** [hesap | para ysty | bahʃiʃ]
Check, please. (Could I have the check, please?)	**Hesap, lütfen.** [hesap, lytfɛn]
Can I pay by credit card?	**Kredi kartıyla ödeyebilir miyim?** [krɛdi kartıjla ødejebilir mijim?]
I'm sorry, there's a mistake here.	**Affedersiniz, burada bir yanlışlık var.** [affedɛrsiniz, burada bir janlıʃlık var]

Shopping

Can I help you?	**Yardımcı olabilir miyim?** [jardımʤı olabilir mijim?]
Do you have ...?	**Sizde ... var mı?** [sizdɛ ... var mı?]
I'm looking for ...	**... arıyorum.** [... arıjorum]
I need ...	**Bana ... lazım.** [bana ... lazım]

I'm just looking.	**Sadece bakıyorum.** [sadeʤɛ bakıjorum]
We're just looking.	**Sadece bakıyoruz.** [sadeʤɛ bakıjoruz]
I'll come back later.	**Daha sonra tekrar geleceğim.** [daha sonra tekrar gelɛʤɛ:im]
We'll come back later.	**Daha sonra tekrar geleceğiz.** [daha sonra tekrar gelɛʤɛ:iz]
discounts	sale	**iskonto	indirimli satış** [iskonto	indirimli satıʃ]

Would you please show me ...	**Bana ... gösterebilir misiniz?** [bana ... gøsterɛbilir misiniz?]
Would you please give me ...	**Bana ... verebilir misiniz?** [bana ... vɛrɛbilir misiniz?]
Can I try it on?	**Deneyebilir miyim?** [denɛjebilir mijim?]
Excuse me, where's the fitting room?	**Affedersiniz, deneme kabini nerede?** [affedɛrsiniz, dɛnɛmɛ kabini nɛrɛdɛ?]
Which color would you like?	**Ne renk istersiniz?** [nɛ rɛnk istɛrsiniz?]
size	length	**beden	boy** [bedɛn	bojj]
How does it fit?	**Nasıl, üzerinize oldu mu?** [nasıl, yzɛrinizɛ oldu mu?]

How much is it?	**Bu ne kadar?** [bu nɛ kadar?]
That's too expensive.	**Çok pahalı.** [ʧok pahalı]
I'll take it.	**Bunu alıyorum.** [bunu alıjorum]
Excuse me, where do I pay?	**Affedersiniz, ödemeyi nerede yapabilirim?** [affedɛrsiniz, ødemɛji nɛrɛdɛ japabilirim?]

Will you pay in cash or credit card?

Nakit mi yoksa kredi kartıyla mı ödeyeceksiniz?
[nakit mi joksa krɛdi kartıjla mı ødejedʒeksiniz?]

In cash | with credit card

Nakit | kredi kartıyla
[nakit | krɛdi kartıjla]

Do you want the receipt?

Fatura ister misiniz?
[fatura istɛr misiniz?]

Yes, please.

Evet, lütfen.
[ɛvet, lytfɛn]

No, it's OK.

Hayır, gerek yok.
[hajır, gerek jok]

Thank you. Have a nice day!

Teşekkür ederim. İyi günler!
[tɛʃekkyr ɛdɛrim. iji gynlɛr!]

In town

Excuse me, please.	**Affedersiniz.** [affedɛrsiniz]
I'm looking for ...	**... arıyorum.** [... arıjorum]
the subway	**Metroyu** [metroju]
my hotel	**Otelimi** [otɛlimi]
the movie theater	**Sinemayı** [sinemajı]
a taxi stand	**Taksi durağını** [taksi dura:ını]

an ATM	**Bir bankamatik** [bir bankamatik]
a foreign exchange office	**Bir döviz bürosu** [bir døviz byrosu]
an internet café	**Bir internet kafe** [bir intɛrnɛt kafɛ]
... street	**... caddesini** [... ʤaddɛsini]
this place	**Şurayı** [ʃurajı]

Do you know where ... is?	**... nerede olduğunu biliyor musunuz?** [... nɛrɛdɛ oldu:unu bilijor musunuz?]
Which street is this?	**Bu caddenin adı ne?** [bu ʤaddenin adı nɛ?]
Show me where we are right now.	**Şu an nerede olduğumuzu gösterir misiniz?** [ʃu an nɛrɛdɛ oldu:umuzu gøstɛrir misiniz?]
Can I get there on foot?	**Oraya yürüyerek gidebilir miyim?** [oraja jyryjerek gidɛbilir mijim?]
Do you have a map of the city?	**Sizde şehir haritası var mı?** [sizdɛ ʃɛhir haritası var mı?]

How much is a ticket to get in?	**Giriş bileti ne kadar?** [giriʃ bileti nɛ kadar?]
Can I take pictures here?	**Burada fotoğraf çekebilir miyim?** [burada foto:raf ʧekɛbilir mijim?]
Are you open?	**Açık mısınız?** [aʧık mısınız?]

When do you open?	**Ne zaman açıyorsunuz?**
	[nε zaman aʧɪjorsunuz?]
When do you close?	**Ne zaman kapatıyorsunuz?**
	[nε zaman kapatɪjorsunuz?]

Money

money	**para** [para]
cash	**nakit** [nakit]
paper money	**kağıt para** [ka:ıt para]
loose change	**bozukluk** [bozukluk]
check | change | tip	**hesap | para üstü | bahşiş** [hesap | para ysty | bahʃiʃ]

credit card	**kredi kartı** [krɛdi kartı]
wallet	**cüzdan** [dʒyzdan]
to buy	**satın almak** [satın almak]
to pay	**ödemek** [ødɛmek]
fine	**ceza** [dʒɛza]
free	**bedava** [bedava]

Where can I buy …?	**Nereden … alabilirim?** [nɛrɛdɛn … alabilirim?]
Is the bank open now?	**Banka açık mı?** [banka atʃık mı?]
When does it open?	**Ne zaman açılıyor?** [nɛ zaman atʃılıjor?]
When does it close?	**Ne zaman kapanıyor?** [nɛ zaman kapanıjor?]

How much?	**Ne kadar?** [nɛ kadar?]
How much is this?	**Bunun fiyatı nedir?** [bunun fijatı nɛdir?]

That's too expensive.	**Çok pahalı.** [tʃok pahalı]
Excuse me, where do I pay?	**Affedersiniz, ödemeyi nerede yapabilirim?** [affedɛrsiniz, ødemɛji nɛrɛdɛ japabilirim?]

Check, please.	**Hesap, lütfen.**
	[hesap, lytfɛn]
Can I pay by credit card?	**Kredi kartıyla ödeyebilir miyim?**
	[krɛdi kartıjla ødejebilir mijim?]
Is there an ATM here?	**Buralarda bankamatik var mı?**
	[buralarda bankamatik var mı?]
I'm looking for an ATM.	**Bankamatik arıyorum.**
	[bankamatik arıjorum]

I'm looking for a foreign exchange office.	**Döviz bürosu arıyorum.**
	[døviz byrosu arıjorum]
I'd like to change ...	**... bozdurmak istiyorum**
	[... bozdurmak istijorum]
What is the exchange rate?	**Döviz kuru nedir?**
	[døviz kuru nɛdir?]
Do you need my passport?	**Pasaportuma gerek var mı?**
	[pasaportuma gerek var mı?]

Time

What time is it?	**Saat kaç?** [saat katʃ?]
When?	**Ne zaman?** [nɛ zaman?]
At what time?	**Saat kaçta?** [saat katʃta?]
now | later | after ...	**şimdi | sonra | ...den sonra** [ʃimdi | sonra | ...den sonra]
one o'clock	**saat bir** [saat bir]
one fifteen	**bir on beş** [bir on bɛʃ]
one thirty	**bir otuz** [bir otuz]
one forty-five	**bir kırk beş** [bir kırk beʃ]
one | two | three	**bir | iki | üç** [bir | iki | ytʃ]
four | five | six	**dört | beş | altı** [dørt | beʃ | altı]
seven | eight | nine	**yedi | sekiz | dokuz** [jedi | sekiz | dokuz]
ten | eleven | twelve	**on | on bir | on iki** [on | on bir | on iki]
in ...	**... içinde** [... itʃindɛ]
five minutes	**beş dakika** [beʃ dakika]
ten minutes	**on dakika** [on dakika]
fifteen minutes	**on beş dakika** [on beʃ dakika]
twenty minutes	**yirmi dakika** [jirmi dakika]
half an hour	**yarım saat** [jarım saat]
an hour	**bir saat** [bir saat]

in the morning	**sabah** [sabah]
early in the morning	**sabah erkenden** [sabah ɛrkendɛn]
this morning	**bu sabah** [bu sabah]
tomorrow morning	**yarın sabah** [jarın sabah]

at noon	**öğlen yemeğinde** [ø:ølɛn jeme:indɛ]
in the afternoon	**öğleden sonra** [ø:øledɛn sonra]
in the evening	**akşam** [akʃam]
tonight	**bu akşam** [bu akʃam]

at night	**geceleyin** [gedʒɛlejin]
yesterday	**dün** [dyn]
today	**bugün** [bugyn]
tomorrow	**yarın** [jarın]
the day after tomorrow	**yarından sonraki gün** [jarından sonraki gyn]

What day is it today?	**Bugün günlerden ne?** [bugyn gynlerdɛn nɛ?]
It's …	**Bugün …** [bugyn …]
Monday	**Pazartesi** [pazartɛsi]
Tuesday	**Salı** [salı]
Wednesday	**Çarşamba** [tʃarʃamba]

Thursday	**Perşembe** [perʃɛmbɛ]
Friday	**Cuma** [dʒuma]
Saturday	**Cumartesi** [dʒumartɛsi]
Sunday	**Pazar** [pazar]

Greetings. Introductions

Hello.
Merhaba.
[mɛrhaba]

Pleased to meet you.
Tanıştığımıza memnun oldum.
[tanıʃtı:ımıza memnun oldum]

Me too.
Ben de.
[ben dɛ]

I'd like you to meet ...
Sizi ... ile tanıştırmak istiyorum
[sizi ... ile tanıʃtırmak istijorum]

Nice to meet you.
Memnun oldum.
[memnun oldum]

How are you?
Nasılsınız?
[nasılsınız?]

My name is ...
Adım ...
[adım ...]

His name is ...
Adı ...
[adı ...]

Her name is ...
Adı ...
[adı ...]

What's your name?
Adınız nedir?
[adınız nɛdir?]

What's his name?
Onun adı ne?
[onun adı nɛ?]

What's her name?
Onun adı ne?
[onun adı nɛ?]

What's your last name?
Soyadınız nedir?
[sojadınız nɛdir?]

You can call me ...
Bana ... diyebilirsiniz.
[bana ... dijebilirsiniz]

Where are you from?
Nereden geliyorsunuz?
[nɛrɛdɛn gelijorsunuz?]

I'm from ...
... dan geliyorum.
[... dan gelijorum]

What do you do for a living?
Mesleğiniz nedir?
[mɛsle:iniz nɛdir?]

Who is this?
Bu kim?
[bu kim?]

Who is he?
O kim?
[o kim?]

Who is she?
O kim?
[o kim?]

Who are they?
Onlar kim?
[onlar kim?]

This is ...	**Bu ...**
	[bu ...]
my friend (masc.)	**arkadaşım**
	[arkadaʃım]
my friend (fem.)	**arkadaşım**
	[arkadaʃım]
my husband	**kocam**
	[kodʒam]
my wife	**karım**
	[karım]

my father	**babam**
	[babam]
my mother	**annem**
	[annɛm]
my brother	**erkek kardeşim**
	[ɛrkek kardɛʃim]
my sister	**kız kardeşim**
	[kız kardɛʃim]
my son	**oğlum**
	[o:lum]
my daughter	**kızım**
	[kızım]

This is our son.	**Bu bizim oğlumuz.**
	[bu bizim o:lumuz]
This is our daughter.	**Bu bizim kızımız.**
	[bu bizim kızımız]
These are my children.	**Bunlar benim çocuklarım.**
	[bunlar benim tʃodʒuklarım]
These are our children.	**Bunlar bizim çocuklarımız.**
	[bunlar bizim tʃodʒuklarımız]

Farewells

Good bye!	**Hoşça kalın!** [hoʃʧa kalın!]
Bye! (inform.)	**Görüşürüz!** [gøryʃyryz!]
See you tomorrow.	**Yarın görüşmek üzere.** [jarın gøryʃmek yzɛrɛ]
See you soon.	**Görüşmek üzere.** [gøryʃmek yzɛrɛ]
See you at seven.	**Saat yedide görüşürüz.** [saat jedidɛ gøryʃyryz]

Have fun!	**İyi eğlenceler!** [iji ɛːlendʒelɛr!]
Talk to you later.	**Sonra konuşuruz.** [sonra konuʃuruz]
Have a nice weekend.	**İyi hafta sonları.** [iji hafta sonları]
Good night.	**İyi geceler.** [iji gɛdʒelɛr]

It's time for me to go.	**Gitme vaktim geldi.** [gitmɛ vaktim gɛldi]
I have to go.	**Gitmem lazım.** [gitmɛm lazım]
I will be right back.	**Hemen dönerim.** [hemɛn dønɛrim]

It's late.	**Geç oldu.** [geʧ oldu]
I have to get up early.	**Erken kalkmam lazım.** [ɛrken kalkmam lazım]
I'm leaving tomorrow.	**Yarın gidiyorum.** [jarın gidijorum]
We're leaving tomorrow.	**Yarın gidiyoruz.** [jarın gidijoruz]

Have a nice trip!	**İyi yolculuklar!** [iji joldʒuluklar!]
It was nice meeting you.	**Tanıştığımıza memnun oldum.** [tanıʃtıːımıza memnun oldum]
It was nice talking to you.	**Konuştuğumuza memnun oldum.** [konuʃtuːumuza memnun oldum]
Thanks for everything.	**Herşey için teşekkürler.** [hɛrʃɛj iʧin tɛʃekkyrlɛr]

I had a very good time.	**Çok iyi vakit geçirdim.** [ʧok iji vakit geʧirdim]
We had a very good time.	**Çok iyi vakit geçirdik.** [ʧok iji vakit geʧirdik]
It was really great.	**Gerçekten harikaydı.** [gerʧektɛn harikajdı]
I'm going to miss you.	**Seni özleyeceğim.** [seni øzlejeʤɛːim]
We're going to miss you.	**Sizi özleyeceğiz.** [sizi øzlejeʤɛːiz]
Good luck!	**İyi şanslar!** [iji ʃanslar!]
Say hi to ...	**... selam söyle.** [... sɛlam søjle]

Foreign language

I don't understand.	**Anlamıyorum.** [anlamıjorum]
Write it down, please.	**Yazar mısınız, lütfen?** [jazar mısınız, lytfɛn?]
Do you speak …?	**… biliyor musunuz?** [… bilijor musunuz?]

I speak a little bit of …	**Biraz … biliyorum.** [biraz … bilijorum]
English	**İngilizce** [ingilizdʒɛ]
Turkish	**Türkçe** [tyrktʃɛ]
Arabic	**Arapça** [araptʃa]
French	**Fransızca** [fransızdʒa]

German	**Almanca** [almandʒa]
Italian	**İtalyanca** [italjandʒa]
Spanish	**İspanyolca** [ispanjoldʒa]
Portuguese	**Portekizce** [portekizdʒɛ]
Chinese	**Çince** [tʃindʒɛ]
Japanese	**Japonca** [ʒapondʒa]

Can you repeat that, please.	**Tekrar edebilir misiniz, lütfen?** [tekrar ɛdɛbilir misiniz, lytfɛn?]
I understand.	**Anlıyorum.** [anlıjorum]
I don't understand.	**Anlamıyorum.** [anlamıjorum]
Please speak more slowly.	**Lütfen daha yavaş konuşun.** [lytfɛn daha javaʃ konuʃun]

Is that correct? (Am I saying it right?)	**Bu doğru mu?** [bu do:ru mu?]
What is this? (What does this mean?)	**Bu ne?** [bu nɛ?]

Apologies

Excuse me, please.	**Affedersiniz.** [affedɛrsiniz]
I'm sorry.	**Üzgünüm.** [yzgynym]
I'm really sorry.	**Gerçekten çok üzgünüm.** [gerʧektɛn ʧok yzgynym]
Sorry, it's my fault.	**Özür dilerim, benim hatam.** [øzyr dilerim, benim hatam]
My mistake.	**Benim hatamdı.** [benim hatamdɪ]
May I ...?	**... yapabilir miyim?** [... japabilir mijim?]
Do you mind if I ...?	**... bir mahsuru var mı?** [... bir mahsuru var mɪ?]
It's OK.	**Sorun değil.** [sorun dɛ:il]
It's all right.	**Zararı yok.** [zararɪ jok]
Don't worry about it.	**Hiç önemli değil.** [hiʧ ønemli dɛ:il]

Agreement

Yes.	**Evet.** [ɛvet]
Yes, sure.	**Evet, tabii ki.** [ɛvet, tabii ki]
OK (Good!)	**Tamam.** [tamam]
Very well.	**Çok iyi.** [ʧok iji]
Certainly!	**Tabii ki!** [tabii ki!]
I agree.	**Katılıyorum.** [katılıjorum]

That's correct.	**Doğru.** [do:ru]
That's right.	**Aynen öyle.** [ajnɛn øjle]
You're right.	**Haklısınız.** [haklısınız]
I don't mind.	**Benim için sorun değil.** [benim iʧin sorun dɛ:il]
Absolutely right.	**Kesinlikle doğru.** [kesinliklɛ do:ru]

It's possible.	**Bu mümkün.** [bu mymkyn]
That's a good idea.	**Bu iyi bir fikir.** [bu iji bir fikir]
I can't say no.	**Hayır diyemem.** [hajır dijemɛm]
I'd be happy to.	**Memnun olurum.** [memnun olurum]
With pleasure.	**Zevkle.** [zɛvkle]

Refusal. Expressing doubt

No.	**Hayır.** [hajır]
Certainly not.	**Kesinlikle hayır.** [kesinliklɛ hajır]
I don't agree.	**Katılmıyorum.** [katılmıjorum]
I don't think so.	**Sanmıyorum.** [sanmıjorum]
It's not true.	**Bu doğru değil.** [bu do:ru dɛ:il]

You are wrong.	**Yanılıyorsunuz.** [janılıjorsunuz]
I think you are wrong.	**Bence yanılıyorsunuz.** [bendʒe janılıjorsunuz]
I'm not sure.	**Emin değilim.** [ɛmin dɛ:ilim]
It's impossible.	**Bu mümkün değil.** [bu mymkyn dɛ:il]
Nothing of the kind (sort)!	**Hiçbir surette!** [hitʃbir surɛttɛ!]

The exact opposite.	**Tam tersi.** [tam tɛrsi]
I'm against it.	**Ben buna karşıyım.** [ben buna karʃıjım]
I don't care.	**Umrumda değil.** [umrumda dɛ:il]
I have no idea.	**Hiçbir fikrim yok.** [hitʃbir fikrim jok]
I doubt that.	**O konuda şüpheliyim.** [o konuda ʃyphɛlijim]

Sorry, I can't.	**Üzgünüm, yapamam.** [yzgynym, japamam]
Sorry, I don't want to.	**Üzgünüm, istemiyorum.** [yzgynym, istɛmijorum]

Thank you, but I don't need this.	**Teşekkür ederim, fakat buna ihtiyacım yok.** [tɛʃekkyr ɛdɛrim, fakat buna ihtijadʒım jok]
It's late.	**Geç oluyor.** [getʃ olujor]

I have to get up early.

Erken kalmalıyım.
[ɛrken kalmalıjım]

I don't feel well.

Kendimi iyi hissetmiyorum.
[kendimi iji hissɛtmijorum]

Expressing gratitude

Thank you.	**Teşekkürler.** [tɛʃekkyrlɛr]
Thank you very much.	**Çok teşekkür ederim.** [tʃok tɛʃekkyr ɛdɛrim]

I really appreciate it.	**Gerçekten müteşekkirim.** [gɛrtʃektɛn mytɛʃekkirim]
I'm really grateful to you.	**Size hakikaten minnettarım.** [sizɛ hakikatɛn minnettarım]
We are really grateful to you.	**Size hakikaten minnettarız.** [sizɛ hakikatɛn minnettarız]

Thank you for your time.	**Zaman ayırdığınız** **için teşekkür ederim.** [zaman ajırdı:ınız itʃin tɛʃekkyr ɛdɛrim]
Thanks for everything.	**Herşey için teşekkürler.** [hɛrʃej itʃin tɛʃekkyrlɛr]

Thank you for ...	**... için teşekkürler.** [... itʃin tɛʃekkyrlɛr]
your help	**Yardımınız için teşekkürler.** [jardımınız itʃin tɛʃekkyrlɛr]
a nice time	**Bu güzel vakit için teşekkürler.** [bu gyzɛl vakit itʃin tɛʃekkyrlɛr]

a wonderful meal	**Bu harika yemek için teşekkürler.** [bu harika jemek itʃin tɛʃekkyrlɛr]
a pleasant evening	**Bu güzel akşam için teşekkürler.** [bu gyzɛl akʃam itʃin tɛʃekkyrlɛr]
a wonderful day	**Bu harika gün için teşekkürler.** [bu harika gyn itʃin tɛʃekkyrlɛr]
an amazing journey	**Bu harika yolculuk için teşekkürler.** [bu harika joldʒuluk itʃin tɛʃekkyrlɛr]

Don't mention it.	**Lafı bile olmaz.** [lafı bilɛ olmaz]
You are welcome.	**Bir şey değil.** [bir ʃej dɛ:il]
Any time.	**Her zaman.** [hɛr zaman]
My pleasure.	**O zevk bana ait.** [o zɛvk bana ait]

Forget it. It's alright.

Hiç önemli değil.
[hiʧ ønemli dɛ:il]

Don't worry about it.

Hiç dert etme.
[hiʧ dɛrt ɛtmɛ]

Congratulations. Best wishes

Congratulations!	**Tebrikler!** [tɛbriklɛr!]
Happy birthday!	**Doğum günün kutlu olsun!** [do:um gynyn kutlu olsun!]
Merry Christmas!	**Mutlu Noeller!** [mutlu noɛllɛr!]
Happy New Year!	**Yeni yılın kutlu olsun!** [jeni jılın kutlu olsun!]
Happy Easter!	**Mutlu Paskalyalar!** [mutlu paskaljalar!]
Happy Hanukkah!	**Mutlu Hanuka Bayramları!** [mutlu hanuka bajramları!]
I'd like to propose a toast.	**Kadeh kaldırmak istiyorum.** [kadɛh kaldırmak istijorum]
Cheers!	**Şerefe!** [ʃɛrɛfɛ!]
Let's drink to …!	**… için kadeh kaldıralım!** [… itʃin kadɛh kaldıralım!]
To our success!	**Başarımıza!** [baʃarımıza!]
To your success!	**Başarınıza!** [baʃarınıza!]
Good luck!	**İyi şanslar!** [iji ʃanslar!]
Have a nice day!	**İyi günler!** [iji gynlɛr!]
Have a good holiday!	**İyi tatiller!** [iji tatillɛr!]
Have a safe journey!	**İyi yolculuklar!** [iji joldʒuluklar!]
I hope you get better soon!	**Geçmiş olsun!** [getʃmiʃ olsun!]

Socializing

Why are you sad? | **Neden üzgünsünüz?**
[nɛdɛn yzgynsynyz?]

Smile! Cheer up! | **Gülümseyin! Neşelenin!**
[gylymsɛjin! nɛʃɛlɛnin!]

Are you free tonight? | **Bu gece müsait misiniz?**
[bu gedʒɛ mysait misiniz?]

May I offer you a drink? | **Size bir içki ısmarlayabilir miyim?**
[sizɛ bir itʃki ısmarlajabilir mijim?]

Would you like to dance? | **Dans eder misiniz?**
[dans ɛdɛr misiniz?]

Let's go to the movies. | **Hadi sinemaya gidelim.**
[hadi sinemaja gidɛlim]

May I invite you to ...? | **Sizi ... davet edebilir miyim?**
[sizi ... davɛt ɛdɛbilir mijim?]

a restaurant | **restorana**
[restorana]

the movies | **sinemaya**
[sinemaja]

the theater | **tiyatroya**
[tijatroja]

go for a walk | **yürüyüşe**
[jyryjyʃɛ]

At what time? | **Saat kaçta?**
[saat katʃta?]

tonight | **bu gece**
[bu gedʒɛ]

at six | **altıda**
[altıda]

at seven | **yedide**
[jedidɛ]

at eight | **sekizde**
[sekizdɛ]

at nine | **dokuzda**
[dokuzda]

Do you like it here? | **Burayı sevdiniz mi?**
[burajı sɛvdiniz mi?]

Are you here with someone? | **Biriyle birlikte mi geldiniz?**
[birijle birliktɛ mi geldiniz?]

I'm with my friend. | **Arkadaşımlayım.**
[arkadaʃımlajım]

I'm with my friends.

Arkadaşlarımlayım.
[arkadaʃlarımlajım]

No, I'm alone.

Hayır, yalnızım.
[hajır, jalnızım]

Do you have a boyfriend?

Erkek arkadaşınız var mı?
[ɛrkek arkadaʃınız var mı?]

I have a boyfriend.

Erkek arkadaşım var.
[ɛrkek arkadaʃım var]

Do you have a girlfriend?

Kız arkadaşınız var mı?
[kız arkadaʃınız var mı?]

I have a girlfriend.

Kız arkadaşım var.
[kız arkadaʃım var]

Can I see you again?

Seni tekrar görebilir miyim?
[seni tekrar gørebilir mijim?]

Can I call you?

Seni arayabilir miyim?
[seni arajabilir mijim?]

Call me. (Give me a call.)

Ara beni.
[ara beni]

What's your number?

Telefon numaran nedir?
[tɛlefon numaran nɛdir?]

I miss you.

Seni özledim.
[seni øzledim]

You have a beautiful name.

Adınız çok güzel.
[adınız tʃok gyzɛl]

I love you.

Seni seviyorum.
[seni sevijorum]

Will you marry me?

Benimle evlenir misin?
[benimle ɛvlenir misin?]

You're kidding!

Şaka yapıyorsunuz!
[ʃaka japıjorsunuz!]

I'm just kidding.

Sadece şaka yapıyorum.
[sadedʒɛ ʃaka japıjorum]

Are you serious?

Ciddi misiniz?
[dʒiddi misiniz?]

I'm serious.

Ciddiyim.
[dʒiddijim]

Really?!

Gerçekten mi?!
[gertʃektɛn mi?!]

It's unbelievable!

İnanılmaz!
[inanılmaz!]

I don't believe you.

Size inanmıyorum.
[sizɛ inanmıjorum]

I can't.

Yapamam.
[japamam]

I don't know.

Bilmiyorum.
[bilmijorum]

I don't understand you.

Sizi anlamıyorum.
[sizi anlamıjorum]

Please go away.

Leave me alone!

Lütfen gider misiniz?
[lytfɛn gidɛr misiniz?]

Beni rahat bırakın!
[beni rahat bırakın!]

I can't stand him.

You are disgusting!

I'll call the police!

Ona katlanamıyorum!
[ona katlanamıjorum!]

İğrençsiniz!
[i:irɛntʃsiniz!]

Polisi arayacağım!
[polisi arajadʒa:ım!]

Sharing impressions. Emotions

I like it.	**Bunu sevdim.** [bunu sɛvdim]
Very nice.	**Çok hoş.** [tʃok hoʃ]
That's great!	**Bu harika!** [bu harika!]
It's not bad.	**Fena değil.** [fena dɛ:il]

I don't like it.	**Bundan hoşlanmadım.** [bundan hoʃlanmadım]
It's not good.	**Bu iyi değil.** [bu iʃi dɛ:il]
It's bad.	**Bu kötü.** [bu køty]
It's very bad.	**Bu çok kötü.** [bu tʃok køty]
It's disgusting.	**Bu iğrenç.** [bu i:irɛntʃ]

I'm happy.	**Mutluyum.** [mutlujum]
I'm content.	**Halimden memnunum.** [halimdɛn mɛmnunum]
I'm in love.	**Aşığım.** [aʃı:ım]
I'm calm.	**Sakinim.** [sakinim]
I'm bored.	**Sıkıldım.** [sıkıldım]

I'm tired.	**Yorgunum.** [jorgunum]
I'm sad.	**Üzgünüm.** [yzgynym]
I'm frightened.	**Korkuyorum.** [korkujorum]

I'm angry.	**Kızgınım.** [kızgınım]
I'm worried.	**Endişeliyim.** [ɛndiʃɛlijim]
I'm nervous.	**Gerginim.** [gerginim]

I'm jealous. (envious)

Kıskanıyorum.
[kıskanıjorum]

I'm surprised.

Şaşırdım.
[ʃaʃırdım]

I'm perplexed.

Şaşkınım.
[ʃaʃkınım]

Problems. Accidents

I've got a problem.	**Bir sorunum var.** [bir sorunum var]
We've got a problem.	**Bir sorunumuz var.** [bir sorunumuz var]
I'm lost.	**Kayboldum.** [kajboldum]
I missed the last bus (train).	**Son otobüsü (treni) kaçırdım.** [son otobysy (treni) katʃɯrdɯm]
I don't have any money left.	**Hiç param kalmadı.** [hitʃ param kalmadɯ]

I've lost my ...	**... kaybettim.** [... kajbɛttim]
Someone stole my ...	**Biri ... çaldı.** [biri ... tʃaldɯ]
passport	**pasaportumu** [pasaportumu]
wallet	**cüzdanımı** [dʒyzdanɯmɯ]
papers	**belgelerimi** [belgelerimi]
ticket	**biletimi** [biletimi]

money	**paramı** [paramɯ]
handbag	**el çantamı** [ɛl tʃantamɯ]
camera	**fotoğraf makinamı** [foto:raf makinamɯ]
laptop	**dizüstü bilgisayarımı** [dizysty bilgisajarɯmɯ]
tablet computer	**tablet bilgisayarımı** [tablet bilgisajarɯmɯ]
mobile phone	**cep telefonumu** [dʒɛp tɛlefonumu]

Help me!	**Yardım edin!** [jardɯm ɛdin!]
What's happened?	**Ne oldu?** [nɛ oldu?]
fire	**yangın** [jangɯn]

shooting	**silahlı çatışma** [silahlı ʧatıʃma]
murder	**cinayet** [ʤinajet]
explosion	**patlama** [patlama]
fight	**kavga** [kavga]

Call the police!	**Polis çağırın!** [polis ʧa:ırın!]
Please hurry up!	**Lütfen acele edin!** [lytfɛn aʤɛle ɛdin!]
I'm looking for the police station.	**Karakolu arıyorum.** [karakolu arıjorum]
I need to make a call.	**Telefon açmam gerek.** [tɛlefon aʧmam gerek]
May I use your phone?	**Telefonunuzu kullanabilir miyim?** [tɛlefonunuzu kullanabilir mijim?]

I've been …	**Ben …** [ben …]
mugged	**gasp edildim.** [gasp ɛdildim]
robbed	**soyuldum.** [sojuldum]
raped	**tecavüze uğradım.** [tɛʤavyzɛ u:radım]
attacked (beaten up)	**saldırıya uğradım.** [saldırıja u:radım]
Are you all right?	**İyi misiniz?** [iji misiniz?]
Did you see who it was?	**Kim olduğunu gördünüz mü?** [kim oldu:unu gørdynyz my?]
Would you be able to recognize the person?	**Yapanı görseniz, tanıyabilir misiniz?** [japanı gørsɛniz, tanıjabilir misiniz?]
Are you sure?	**Emin misiniz?** [ɛmin misiniz?]

Please calm down.	**Lütfen sakinleşin.** [lytfɛn sakinleʃin]
Take it easy!	**Sakin ol!** [sakin ol!]
Don't worry!	**Endişelenmeyin!** [ɛndiʃelenmɛjin!]
Everything will be fine.	**Herşey yoluna girecek.** [hɛrʃɛj joluna gireʤek]
Everything's all right.	**Herşey yolunda.** [hɛrʃɛj jolunda]
Come here, please.	**Buraya gelin, lütfen.** [buraja gelin, lytfɛn]

I have some questions for you.

Size birkaç sorum olacak.
[sizɛ birkatʃ sorum oladʒak]

Wait a moment, please.

Bir dakika bekler misiniz, lütfen?
[bir dakika beklɛr misiniz, lytfɛn?]

Do you have any I.D.?

Kimliğiniz var mı?
[kimliğiniz var mı?]

Thanks. You can leave now.

Teşekkürler. Şimdi gidebilirsiniz.
[tɛʃekkyrlɛr. ʃimdi gidɛbilirsiniz]

Hands behind your head!

Ellerinizi başınızın arkasına koyun!
[ɛllɛrinizi baʃınızın arkasına kojun!]

You're under arrest!

Tutuklusunuz!
[tutuklusunuz!]

Health problems

Please help me. **Lütfen bana yardım eder misiniz?**
[lytfɛn bana jardım ɛdɛr misiniz?]

I don't feel well. **Kendimi iyi hissetmiyorum.**
[kendimi iji hissɛtmijorum]

My husband doesn't feel well. **Kocam kendisini iyi hissetmiyor.**
[kodʒam kendisini iji hissɛtmijor]

My son ... **Oğlum ...**
[oːlum ...]

My father ... **Babam ...**
[babam ...]

My wife doesn't feel well. **Karım kendisini iyi hissetmiyor.**
[karım kendisini iji hissɛtmijor]

My daughter ... **Kızım ...**
[kızım ...]

My mother ... **Annem ...**
[annɛm ...]

I've got a ... **... ağrıyor.**
[... aːrıjor]

headache **Başım**
[baʃim]

sore throat **Boğazım**
[boːazım]

stomach ache **Midem**
[midɛm]

toothache **Dişim**
[diʃim]

I feel dizzy. **Başım dönüyor.**
[baʃim dønyjor]

He has a fever. **Ateşi var.**
[atɛʃi var]

She has a fever. **Ateşi var.**
[atɛʃi var]

I can't breathe. **Nefes alamıyorum.**
[nɛfɛs alamıjorum]

I'm short of breath. **Nefesim daralıyor.**
[nɛfɛsim daralıjor]

I am asthmatic. **Astımım var.**
[astımım var]

I am diabetic. **Şeker hastalığım var.**
[ʃekɛr hastalıːım var]

I can't sleep.	**Uyuyamıyorum.** [ujujamıjorum]
food poisoning	**Gıda zehirlenmesi** [gıda zɛhirlenmɛsi]

It hurts here.	**Burası acıyor.** [burası adʒıjor]
Help me!	**Yardım edin!** [jardım ɛdin!]
I am here!	**Buradayım!** [buradajım!]
We are here!	**Buradayız!** [buradajız!]
Get me out of here!	**Beni buradan çıkarın!** [beni buradan tʃıkarın!]
I need a doctor.	**Doktora ihtiyacım var.** [doktora ihtijadʒım var]
I can't move.	**Hareket edemiyorum.** [harekɛt ɛdɛmijorum]
I can't move my legs.	**Bacaklarımı kıpırdatamıyorum.** [badʒaklarımı kıpırdatamıjorum]

I have a wound.	**Yaralandım.** [jaralandım]
Is it serious?	**Ciddi mi?** [dʒiddi mi?]
My documents are in my pocket.	**Belgelerim cebimde.** [belgelerim dʒɛbimdɛ]
Calm down!	**Sakin olun!** [sakin olun!]
May I use your phone?	**Telefonunuzu kullanabilir miyim?** [tɛlefonunuzu kullanabilir mijim?]

Call an ambulance!	**Ambulans çağırın!** [ambulans tʃa:ırın!]
It's urgent!	**Acil!** [adʒil!]
It's an emergency!	**Bu bir acil durum!** [bu bir adʒil durum!]
Please hurry up!	**Lütfen acele edin!** [lytfɛn adʒele ɛdin!]
Would you please call a doctor?	**Lütfen doktor çağırır mısınız?** [lytfɛn doktor tʃa:ırır mısınız?]
Where is the hospital?	**Hastane nerede?** [hastanɛ nɛrɛdɛ?]

How are you feeling?	**Kendinizi nasıl hissediyorsunuz?** [kendinizi nasıl hissɛdijorsunuz?]
Are you all right?	**İyi misiniz?** [iji misiniz?]
What's happened?	**Ne oldu?** [nɛ oldu?]

I feel better now.

Şimdi daha iyiyim.
[ʃimdi daha ijijim]

It's OK.

Sorun değil.
[sorun dɛ:il]

It's all right.

Bir şeyim yok.
[bir ʃɛjim jok]

At the pharmacy

pharmacy (drugstore)	**eczane** [ɛdʒzane]
24-hour pharmacy	**nöbetçi eczane** [nøbɛtʃi ɛdʒzane]
Where is the closest pharmacy?	**En yakın eczane nerede?** [ɛn jakın ɛdʒzane nɛrɛdɛ?]

Is it open now?	**Şu an açık mı?** [ʃu an atʃık mı?]
At what time does it open?	**Saat kaçta açılıyor?** [saat katʃta atʃılıjor?]
At what time does it close?	**Saat kaçta kapanıyor?** [saat katʃta kapanıjor?]

Is it far?	**Uzakta mı?** [uzakta mı?]
Can I get there on foot?	**Oraya yürüyerek gidebilir miyim?** [oraja jyryjerek gidɛbilir mijim?]
Can you show me on the map?	**Yerini haritada gösterebilir misiniz?** [jerini haritada gøstɛrɛbilir misiniz?]

Please give me something for …	**Lütfen … için bir şey verir misiniz?** [lytfɛn … itʃin bir ʃej vɛrir misiniz?]
a headache	**baş ağrısı** [baʃ a:rısı]
a cough	**öksürük** [øksyryk]
a cold	**soğuk algınlığı** [so:uk algınlı:ı]
the flu	**grip** [grip]

a fever	**ateş** [atɛʃ]
a stomach ache	**mide ağrısı** [midɛ a:rısı]
nausea	**bulantı** [bulantı]
diarrhea	**ishal** [ishal]
constipation	**kabızlık** [kabızlık]
pain in the back	**sırt ağrısı** [sırt a:rısı]

chest pain	**göğüs ağrısı** [gø:øys a:rısı]
side stitch	**dalak şişmesi** [dalak ʃiʃmɛsi]
abdominal pain	**karın ağrısı** [karın a:rısı]

pill	**hap** [hap]
ointment, cream	**merhem, krem** [mɛrhɛm, krɛm]
syrup	**şurup** [ʃurup]
spray	**sprey** [sprɛj]
drops	**damla** [damla]

You need to go to the hospital.	**Hastaneye gitmeniz gerek.** [hastanɛje gitmɛniz gerek]
health insurance	**sağlık sigortası** [sa:lık sigortası]
prescription	**reçete** [retʃɛtɛ]
insect repellant	**böcek ilacı** [bødʒek iladʒı]
Band Aid	**yara bandı** [jara bandı]

The bare minimum

Excuse me, ...

Affedersiniz, ...
[affedɛrsiniz, ...]

Hello.

Merhaba.
[mɛrhaba]

Thank you.

Teşekkürler.
[tɛʃekkyrlɛr]

Good bye.

Hoşça kalın.
[hoʃʧa kalın]

Yes.

Evet.
[ɛvet]

No.

Hayır.
[hajır]

I don't know.

Bilmiyorum.
[bilmijorum]

Where? | Where to? | When?

Nerede? | Nereye? | Ne zaman?
[nɛrɛdɛ? | nɛrɛje? | nɛ zaman?]

I need ...

Bana ... lazım.
[bana ... lazım]

I want ...

... istiyorum.
[... istijorum]

Do you have ...?

Sizde ... var mı?
[sizdɛ ... var mı?]

Is there a ... here?

Burada ... var mı?
[burada ... var mı?]

May I ...?

... yapabilir miyim?
[... japabilir mijim?]

..., please (polite request)

..., lütfen
[..., lytfɛn]

I'm looking for ...

Ben ... arıyorum.
[ben ... arıjorum]

restroom

tuvaleti
[tuvaleti]

ATM

bankamatik
[bankamatik]

pharmacy (drugstore)

eczane
[ɛʤzane]

hospital

hastane
[hastanɛ]

police station

karakolu
[karakolu]

subway

metroyu
[metroju]

taxi	**taksi** [taksi]
train station	**tren istasyonunu** [tren istasjonunu]

My name is ...	**Benim adım ...** [benim adım ...]
What's your name?	**Adınız nedir?** [adınız nɛdir?]
Could you please help me?	**Bana yardım edebilir misiniz, lütfen?** [bana jardım ɛdɛbilir misiniz, lytfɛn?]
I've got a problem.	**Bir sorunum var.** [bir sorunum var]
I don't feel well.	**Kendimi iyi hissetmiyorum.** [kendimi iji hissɛtmijorum]
Call an ambulance!	**Ambulans çağırın!** [ambulans ʧaːırın!]
May I make a call?	**Telefonunuzdan bir arama yapabilir miyim?** [tɛlɛfonunuzdan bir arama japabilir mijim?]

I'm sorry.	**Üzgünüm.** [yzgynym]
You're welcome.	**Rica ederim.** [ridʒa ɛdɛrim]

I, me	**Ben, bana** [ben, bana]
you (inform.)	**sen** [sen]
he	**o** [o]
she	**o** [o]
they (masc.)	**onlar** [onlar]
they (fem.)	**onlar** [onlar]
we	**biz** [biz]
you (pl)	**siz** [siz]
you (sg, form.)	**siz** [siz]

ENTRANCE	**GİRİŞ** [giriʃ]
EXIT	**ÇIKIŞ** [ʧikiʃ]
OUT OF ORDER	**HİZMET DIŞI** [hizmɛt diʃi]

CLOSED	**KAPALI** [kapali]
OPEN	**AÇIK** [atʃik]
FOR WOMEN	**KADINLAR İÇİN** [kadinlar itʃin]
FOR MEN	**ERKEKLER İÇİN** [ɛrkeklɛr itʃin]

TOPICAL VOCABULARY

This section contains more than 3,000 of the most important words.
The dictionary will provide invaluable assistance while traveling abroad, because frequently individual words are enough for you to be understood.
The dictionary includes a convenient transcription of each foreign word

T&P Books Publishing

VOCABULARY
CONTENTS

T&P Books Publishing

BASIC CONCEPTS

T&P Books Publishing

1. Pronouns

I, me	ben	[bæn]
you	sen	[sæn]

he, she, it	o	[o]
we	biz	[biz]
you (to a group)	siz	[siz]
they	onlar	[onlar]

2. Greetings. Salutations

Hello! (fam.)	Selam!	[sæʎam]
Hello! (form.)	Merhaba!	[mærhaba]
Good morning!	Günaydın!	[gynajdın]
Good afternoon!	İyi günler!	[ijı gynlær]
Good evening!	İyi akşamlar!	[ijı akʃamlar]

to say hello	selam vermek	[sæʎam værmæk]
Hi! (hello)	Selam!, Merhaba!	[sæʎam mærhaba]
greeting (n)	selam	[sæʎam]
to greet (vt)	selamlamak	[sæʎamlamak]
How are you?	Nasılsın?	[nasılsın]
What's new?	Ne var ne yok?	[næ var næ jok]

Bye-Bye! Goodbye!	Hoşca kalın!	[hoʃdʒa kalın]
See you soon!	Görüşürüz!	[gøryʃyryz]
Farewell! (to a friend)	Güle güle!	[gylæ gylæ]
Farewell! (form.)	Elveda!	[æʎvæda]
to say goodbye	vedalaşmak	[vædalaʃmak]
So long!	Hoşça kal!	[hoʃtʃa kal]

Thank you!	Teşekkür ederim!	[tæʃækkyr ædærim]
Thank you very much!	Çok teşekkür ederim!	[tʃok tæʃækkyr ædærim]
You're welcome	Rica ederim	[ridʒa ædærim]
Don't mention it!	Bir şey değil	[bir ʃæj di:ʎ]
It was nothing	Estağfurullah	[æsta:furulla]

Excuse me! (fam.)	Affedersin!	[afædærsin]
Excuse me! (form.)	Affedersiniz!	[afædærsiniz]
to excuse (forgive)	affetmek	[afætmæk]

to apologize (vi)	özür dilemek	[øzyr dilæmæk]
My apologies	Özür dilerim	[øzyr dilærim]

I'm sorry!	**Affedersiniz!**	[afædærsiniz]
to forgive (vt)	**affetmek**	[afætmæk]
please (adv)	**lütfen**	[lytfæn]

Don't forget!	**Unutmayın!**	[unutmajın]
Certainly!	**Kesinlikle!**	[kæsinliktæ]
Of course not!	**Tabi ki hayır!**	[tabi ki hajır]
Okay! (I agree)	**Tamam!**	[tamam]
That's enough!	**Yeter artık!**	[jætær artık]

3. Questions

Who?	**Kim?**	[kim]
What?	**Ne?**	[næ]
Where? (at, in)	**Nerede?**	[næræedæ]
Where (to)?	**Nereye?**	[næræjæ]
From where?	**Nereden?**	[næræedæn]
When?	**Ne zaman?**	[næ zaman]
Why? (What for?)	**Neden?**	[nædæn]
Why? (reason)	**Neden?**	[nædæn]

What for?	**Ne için?**	[næ itʃin]
How? (in what way)	**Nasıl?**	[nasıl]
What? (What kind of ...?)	**Hangi?**	[haŋi]
Which?	**Kaçıncı?**	[katʃındʒı]

To whom?	**Kime?**	[kimæ]
About whom?	**Kim hakkında?**	[kim hakında]
About what?	**Ne hakkında?**	[næ hakında]
With whom?	**Kimle?**	[kimlæ]

How many?	**Ne kadar?**	[næ kadar]
How much?	**Kaç?**	[katʃ]
Whose?	**Kimin?**	[kimin]

4. Prepositions

with (accompanied by)	**... -ile, ... -le, ... -la**	[ilæ], [læ], [la]
without	**... -sız, ... -suz**	[sız], [suz]
to (indicating direction)	**... -e, ... -a**	[æ], [a]
about (talking ~ ...)	**hakkında**	[hakında]
before (in time)	**önce**	[øndʒæ]
in front of ...	**önünde**	[ønyndæ]

under (beneath, below)	**altında**	[altında]
above (over)	**üstünde**	[justyndæ]
on (atop)	**üstüne**	[justynæ]
from (off, out of)	**... -den, ... -dan**	[dæn], [dan]

of (made from)	... -den, ... -dan	[dæn], [dan]
in (e.g., ~ ten minutes)	sonra	[sonra]
over (across the top of)	üstünden	[justyndæn]

5. Function words. Adverbs. Part 1

Where? (at, in)	Nerede?	[nærædæ]
here (adv)	burada	[burada]
there (adv)	orada	[orada]

| somewhere (to be) | bir yerde | [birⁱ jærdæ] |
| nowhere (not anywhere) | hiç bir yerde | [hitʃ birⁱ jærdæ] |

| by (near, beside) | ... yanında | [janında] |
| by the window | pencerenin yanında | [pændʒærænin janında] |

Where (to)?	Nereye?	[næræjæ]
here (e.g., come ~!)	buraya	[buraja]
there (e.g., to go ~)	oraya	[oraja]
from here (adv)	buradan	[buradan]
from there (adv)	oradan	[oradan]

| close (adv) | yakında | [jakında] |
| far (adv) | uzağa | [uza:] |

near (e.g., ~ Paris)	yakında	[jakında]
nearby (adv)	yakınında	[jakınında]
not far (adv)	civarında	[dʒivarında]

left (adj)	sol	[sol]
on the left	solda	[solda]
to the left	sola	[sola]

right (adj)	sağ	[sa:]
on the right	sağda	[sa:da]
to the right	sağa	[sa:]

in front (adv)	önde	[øndæ]
front (as adj)	ön	[øn]
ahead (the kids ran ~)	ileri	[ilæri]

behind (adv)	arkada	[arkada]
from behind	arkadan	[arkadan]
back (towards the rear)	geriye	[gærijæ]

| middle | orta | [orta] |
| in the middle | ortasında | [ortasında] |

| at the side | kenarda | [kænarda] |
| everywhere (adv) | her yerde | [hær jærdæ] |

around (in all directions)	çevrede	[ʧævrædæ]
from inside	içeriden	[iʧæridæn]
somewhere (to go)	bir yere	[bir jæræ]
straight (directly)	dosdoğru	[dosdo:ru]
back (e.g., come ~)	geri	[gæri]
from anywhere	bir yerden	[bir jærdæn]
from somewhere	bir yerden	[bir jærdæn]
firstly (adv)	ilk olarak	[iʌk olarak]
secondly (adv)	ikinci olarak	[ikinʤi olarak]
thirdly (adv)	üçüncü olarak	[juʧunʤy olarak]
suddenly (adv)	birdenbire	[birdænbiræ]
at first (at the beginning)	başlangıçta	[baʃlaŋıʧta]
for the first time	ilk kez	[ilk kæz]
long before ...	çok daha önce ...	[ʧok da: ønʤæ]
anew (over again)	yeniden	[jænidæn]
for good (adv)	sonsuza kadar	[sonsuza kadar]
never (adv)	hiçbir zaman	[hiʧbir zaman]
again (adv)	tekrar	[tækrar]
now (adv)	şimdi	[ʃimdi]
often (adv)	sık	[sık]
then (adv)	o zaman	[o zaman]
urgently (quickly)	acele	[aʤælæ]
usually (adv)	genellikle	[gænælliklæ]
by the way, ...	aklıma gelmişken, ...	[aklıma gæʌmiʃkæn]
possible (that is ~)	mümkündür	[mymkyndyr]
probably (adv)	muhtemelen	[muhtæmælæn]
maybe (adv)	olabilir	[olabilir]
besides ...	ayrıca ...	[ajrıʤa]
that's why ...	onun için	[onun iʧin]
in spite of ...	rağmen ...	[ra:mæn]
thanks to ...	... sayesinde	[sajæsindæ]
what (pron.)	ne	[næ]
that (conj.)	... -ki, ... -dığı, ... -diği	[ki], [dı:], [di:]
something	bir şey	[bir ʃæj]
anything (something)	bir şey	[bir ʃæj]
nothing	hiçbir şey	[hiʧbir ʃæj]
who (pron.)	kim	[kim]
someone	birisi	[birisı]
somebody	birisi	[birisı]
nobody	hiç kimse	[hiʧ kimsæ]
nowhere (a voyage to ~)	hiçbir yere	[hiʧbir jæræ]
nobody's	kimsesiz	[kimsæsiz]
somebody's	birinin	[birinin]
so (I'm ~ glad)	öylesine	[øjlæsinæ]

also (as well)	dahi, ayrıca	[dahi], [ajrıʤa]
too (as well)	da	[da]

6. Function words. Adverbs. Part 2

Why?	Neden?	[nædæn]
for some reason	nedense	[nædænsæ]
because ...	çünkü	[ʧuŋkju]
for some purpose	her nedense	[hær nædænsæ]

and	ve	[væ]
or	veya	[væja]
but	fakat	[fakat]
for (e.g., ~ me)	için	[iʧin]

too (~ many people)	fazla	[fazla]
only (exclusively)	ancak	[anʤak]
exactly (adv)	tam	[tam]
about (more or less)	yaklaşık	[jaklaʃık]

approximately (adv)	yaklaşık olarak	[jaklaʃık olarak]
approximate (adj)	yaklaşık	[jaklaʃık]
almost (adv)	hemen	[hæmæn]
the rest	geri kalan	[gæri kalan]

each (adj)	her biri	[hær biri]
any (no matter which)	herhangi biri	[hærhaɲi biri]
many, much (a lot of)	çok	[ʧok]
many people	birçokları	[birʧokları]
all (everyone)	hepsi, herkes	[hæpsi], [hærkæz]

in return for ...	... karşılık olarak	[karʃilik olarak]
in exchange (adv)	yerine	[jærinæ]
by hand (made)	elle, el ile	[æellæ], [æʎ ilæ]
hardly (negative opinion)	şüpheli	[ʃyphæli]

probably (adv)	galiba	[galiba]
on purpose (intentionally)	mahsus	[mahsus]
by accident (adv)	tesadüfen	[tæsadyfæn]

very (adv)	pek	[pæk]
for example (adv)	mesela	[mæsæʎa]
between	arasında	[arasında]
among	ortasında	[ortasında]
so much (such a lot)	kadar	[kadar]
especially (adv)	özellikle	[øzæʎiklæ]

NUMBERS. MISCELLANEOUS

T&P Books Publishing

0 zero	sıfır	[sıfır]
1 one	bir	[bir]
2 two	iki	[iki]
3 three	üç	[juʧ]
4 four	dört	[dørt]

5 five	beş	[bæʃ]
6 six	altı	[altı]
7 seven	yedi	[jædi]
8 eight	sekiz	[sækiz]
9 nine	dokuz	[dokuz]

10 ten	on	[on]
11 eleven	on bir	[on bir]
12 twelve	on iki	[on iki]
13 thirteen	on üç	[on juʧ]
14 fourteen	on dört	[on dørt]

15 fifteen	on beş	[on bæʃ]
16 sixteen	on altı	[on altı]
17 seventeen	on yedi	[on jædi]
18 eighteen	on sekiz	[on sækiz]
19 nineteen	on dokuz	[on dokuz]

20 twenty	yirmi	[jırmi]
21 twenty-one	yirmi bir	[jırmi bir]
22 twenty-two	yirmi iki	[jırmi iki]
23 twenty-three	yirmi üç	[jırmi juʧ]

30 thirty	otuz	[otuz]
31 thirty-one	otuz bir	[otuz bir]
32 thirty-two	otuz iki	[otuz iki]
33 thirty-three	otuz üç	[otuz juʧ]

40 forty	kırk	[kırk]
41 forty-one	kırk bir	[kırk bir]
42 forty-two	kırk iki	[kırk iki]
43 forty-three	kırk üç	[kırk juʧ]

50 fifty	elli	[ælli]
51 fifty-one	elli bir	[ælli bir]
52 fifty-two	elli iki	[ælli iki]
53 fifty-three	elli üç	[ælli juʧ]
60 sixty	altmış	[altmıʃ]

61 sixty-one	altmış bir	[altmıʃ bir]
62 sixty-two	altmış iki	[altmıʃ iki]
63 sixty-three	altmış üç	[altmıʃ juʧ]

70 seventy	yetmiş	[jætmiʃ]
71 seventy-one	yetmiş bir	[jætmiʃ bir]
72 seventy-two	yetmiş iki	[jætmiʃ iki]
73 seventy-three	yetmiş üç	[jætmiʃ juʧ]

80 eighty	seksen	[sæksæn]
81 eighty-one	seksen bir	[sæksæn bir]
82 eighty-two	seksen iki	[sæksæn iki]
83 eighty-three	seksen üç	[sæksæn juʧ]

90 ninety	doksan	[doksan]
91 ninety-one	doksan bir	[doksan bir]
92 ninety-two	doksan iki	[doksan iki]
93 ninety-three	doksan üç	[doksan juʧ]

8. Cardinal numbers. Part 2

100 one hundred	yüz	[juz]
200 two hundred	iki yüz	[iki juz]
300 three hundred	üç yüz	[uʧ juz]
400 four hundred	dört yüz	[dørt juz]
500 five hundred	beş yüz	[bæʃ juz]

600 six hundred	altı yüz	[altı juz]
700 seven hundred	yedi yüz	[jædi juz]
800 eight hundred	sekiz yüz	[sækiz juz]
900 nine hundred	dokuz yüz	[dokuz juz]

1000 one thousand	bin	[bin]
2000 two thousand	iki bin	[iki bin]
3000 three thousand	üç bin	[juʧ bin]
10000 ten thousand	on bin	[on bin]
one hundred thousand	yüz bin	[juz bin]
million	milyon	[bir miʎon]
billion	milyar	[bir miʎjar]

9. Ordinal numbers

first (adj)	birinci	[birindʒi]
second (adj)	ikinci	[ikindʒi]
third (adj)	üçüncü	[uʧundʒy]
fourth (adj)	dördüncü	[dørdyndʒy]
fifth (adj)	beşinci	[bæʃindʒi]
sixth (adj)	altıncı	[altındʒı]

seventh (adj)	yedinci	[jædindʒi]
eighth (adj)	sekizinci	[sækizindʒi]
ninth (adj)	dokuzuncu	[dokuzundʒu]
tenth (adj)	onuncu	[onundʒu]

T&P BOOKS

COLOURS. UNITS OF MEASUREMENT

T&P Books Publishing

10. Colors

color	renk	[ræŋk]
shade (tint)	renk tonu	[ræŋk tonu]
hue	renk tonu	[ræŋk tonu]
rainbow	gökkuşağı	[gøkkuʃaı]

white (adj)	beyaz	[bæjaz]
black (adj)	siyah	[sijah]
gray (adj)	gri	[gri]

green (adj)	yeşil	[jæʃiʎ]
yellow (adj)	sarı	[sarı]
red (adj)	kırmızı	[kırmızı]
blue (adj)	mavi	[mavi]
light blue (adj)	açık mavi	[atʃık mavi]
pink (adj)	pembe	[pæmbæ]
orange (adj)	turuncu	[turundʒu]
violet (adj)	mor	[mor]
brown (adj)	kahve rengi	[kahvæ ræŋi]

golden (adj)	altın	[altın]
silvery (adj)	gümüşü	[gymyʃy]
beige (adj)	bej rengi	[bæʒ ræŋi]
cream (adj)	krem rengi	[kræm ræŋi]
turquoise (adj)	turkuaz	[turkuaz]
cherry red (adj)	vişne rengi	[viʃnæ ræŋi]
lilac (adj)	leylak rengi	[læjlak ræŋi]
crimson (adj)	koyu kırmızı	[koju kırmızı]

light (adj)	açık	[atʃık]
dark (adj)	koyu	[koju]
bright, vivid (adj)	parlak	[parlak]

colored (pencils)	renkli	[ræŋkli]
color (e.g., ~ film)	renkli	[ræŋkli]
black-and-white (adj)	siyah-beyaz	[sijahbæjaz]
plain (one-colored)	tek renkli	[tæk ræŋkli]
multicolored (adj)	rengârenk	[ræŋjaræŋk]

11. Units of measurement

weight	ağırlık	[aırlık]
length	uzunluk	[uzunluk]

width	en, genişlik	[æn], [gæniʃlik]
height	yükseklik	[juksæklik]
depth	derinlik	[dærinlik]
volume	hacim	[hadʒim]
area	alan	[alan]

gram	gram	[gram]
milligram	miligram	[miligram]
kilogram	kilogram	[kilogram]
ton	ton	[ton]
pound	libre	[libræ]
ounce	ons	[ons]

meter	metre	[mætræ]
millimeter	milimetre	[milimætræ]
centimeter	santimetre	[santimætræ]
kilometer	kilometre	[kilomætræ]
mile	mil	[miʎ]

inch	inç	[intʃ]
foot	kadem	[kadæm]
yard	yarda	[jarda]

square meter	metre kare	[mætræ karæ]
hectare	hektar	[hæktar]
liter	litre	[litræ]
degree	derece	[dærædʒæ]
volt	volt	[voʎt]
ampere	amper	[ampær]
horsepower	beygir gücü	[bæjgir gydʒy]

quantity	miktar	[miktar]
a little bit of ...	biraz ...	[biraz]
half	yarım	[jarım]
dozen	düzine	[dyzinæ]
piece (item)	adet, tane	[adæt], [tanæ]

| size | boyut | [bojut] |
| scale (map ~) | ölçek | [øʎtʃæk] |

minimal (adj)	minimum	[minimum]
the smallest (adj)	en küçük	[æn kytʃuk]
medium (adj)	orta	[orta]
maximal (adj)	maksimum	[maksimum]
the largest (adj)	en büyük	[æn byjuk]

12. Containers

| canning jar (glass ~) | kavanoz | [kavanoz] |
| can | teneke | [tænækæ] |

| bucket | kova | [kova] |
| barrel | fıçı, varil | [fɪtʃi], [varil] |

wash basin (e.g., plastic ~)	leğen	[læ:n]
tank (100 - 200L water ~)	tank	[taŋk]
hip flask	matara	[matara]
jerrycan	benzin bidonu	[bænzin bidonu]
tank (e.g., tank car)	sarnıç	[sarnɪtʃ]

mug	kupa	[kupa]
cup (of coffee, etc.)	fincan	[findʒan]
saucer	fincan tabağı	[findʒan tabaɪ]
glass (tumbler)	bardak	[bardak]
wine glass	kadeh	[kadæ]
stock pot (soup pot)	tencere	[tændʒæræ]

| bottle (~ of wine) | şişe | [ʃiʃæ] |
| neck (of the bottle, etc.) | boğaz | [boaz] |

carafe	sürahi	[syrahi]
pitcher	testi	[tæsti]
vessel (container)	kap	[kap]
pot (crock, stoneware ~)	çömlek	[tʃomlæk]
vase	vazo	[vazo]

bottle (perfume ~)	şişe	[ʃiʃæ]
vial, small bottle	küçük şişe	[kytʃuk ʃiʃæ]
tube (of toothpaste)	tüp	[typ]

sack (bag)	poşet, torba	[poʃæt], [torba]
bag (paper ~, plastic ~)	çuval	[tʃuval]
pack (of cigarettes, etc.)	paket	[pakæt]

box (e.g., shoebox)	kutu	[kutu]
crate	sandık	[sandɪk]
basket	sepet	[sæpæt]

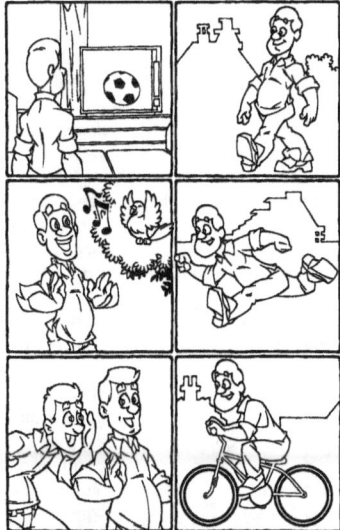

MAIN VERBS

T&P Books Publishing

13. The most important verbs. Part 1

to advise (vt)	tavsiye etmek	[tavsijæ ætmæk]
to agree (say yes)	razı olmak	[razı olmak]
to answer (vi, vt)	cevap vermek	[dʒævap værmæk]
to apologize (vi)	özür dilemek	[øzyr dilæmæk]
to arrive (vi)	gelmek	[gæʌmæk]

to ask (~ oneself)	sormak	[sormak]
to ask (~ sb to do sth)	rica etmek	[ridʒa ætmæk]
to be (vi)	olmak	[olmak]

to be afraid	korkmak	[korkmak]
to be hungry	yemek istemek	[jæmæk istæmæk]
to be interested in ...	ilgilenmek	[iʌgilænmæk]
to be needed	gerekmek	[gærækmæk]
to be surprised	şaşırmak	[ʃaʃırmak]

to be thirsty	içmek istemek	[itʃmæk istæmæk]
to begin (vt)	başlamak	[baʃlamak]
to belong to ...	... ait olmak	[ait olmak]

| to boast (vi) | övünmek | [øvynmæk] |
| to break (split into pieces) | kırmak | [kırmak] |

to call (~ for help)	çağırmak	[tʃaırmak]
can (v aux)	yapabilmek	[japabiʌmæk]
to catch (vt)	tutmak	[tutmak]

| to change (vt) | değiştirmek | [dæiʃtirmæk] |
| to choose (select) | seçmek | [sætʃmæk] |

to come down (the stairs)	aşağı inmek	[aʃaı inmæk]
to compare (vt)	karşılaştırmak	[karʃılaʃtırmak]
to complain (vi, vt)	şikayet etmek	[ʃikajæt ætmæk]
to confuse (mix up)	ayırt edememek	[ajırt ædæmæmæk]

| to continue (vt) | devam etmek | [dævam ætmæk] |
| to control (vt) | kontrol etmek | [kontroʌ ætmæk] |

to cook (dinner)	pişirmek	[piʃirmæk]
to cost (vt)	değerinde olmak	[dæ:rindæ olmak]
to count (add up)	saymak	[sajmak]
to count on ...	... güvenmek	[gyvænmæk]
to create (vt)	oluşturmak	[oluʃturmak]
to cry (weep)	ağlamak	[a:lamak]

14. The most important verbs. Part 2

to deceive (vi, vt)	aldatmak	[aldatmak]
to decorate (tree, street)	süslemek	[syslæmæk]
to defend (a country, etc.)	savunmak	[savunmak]
to demand (request firmly)	talep etmek	[talæp ætmæk]
to dig (vt)	kazmak	[kazmak]

to discuss (vt)	görüşmek	[gøryʃmæk]
to do (vt)	yapmak, etmek	[japmak], [ætmæk]
to doubt (have doubts)	tereddüt etmek	[tæræddyt ætmæk]
to drop (let fall)	düşürmek	[dyʃyrmæk]
to enter	girmek	[girmæk]
(room, house, etc.)		

to excuse (forgive)	affetmek	[afætmæk]
to exist (vi)	var olmak	[var olmak]
to expect (foresee)	önceden görmek	[øndʒædæn gørmæk]

to explain (vt)	izah etmek	[izah ætmæk]
to fall (vi)	düşmek	[dyʃmæk]

to find (vt)	bulmak	[bulmak]
to finish (vt)	bitirmek	[bitirmæk]
to fly (vi)	uçmak	[utʃmak]

to follow ... (come after)	... takip etmek	[takip ætmæk]
to forget (vi, vt)	unutmak	[unutmak]

to forgive (vt)	affetmek	[afætmæk]
to give (vt)	vermek	[værmæk]

to give a hint	ipucu vermek	[ipudʒu værmæk]
to go (on foot)	yürümek, gitmek	[jurymæk], [gitmæk]

to go for a swim	suya girmek	[suja girmæk]
to go out (for dinner, etc.)	çıkmak	[tʃɪkmak]
to guess (the answer)	doğru tahmin etmek	[do:ru tahmin ætmæk]

to have (vt)	sahip olmak	[sahip olmak]
to have breakfast	kahvaltı yapmak	[kahvaltı japmak]
to have dinner	akşam yemeği yemek	[akʃam jæmæi jæmæk]

to have lunch	öğle yemeği yemek	[øjlæ jæmæi jæmæk]
to hear (vt)	duymak	[dujmak]

to help (vt)	yardım etmek	[jardım ætmæk]
to hide (vt)	saklamak	[saklamak]
to hope (vi, vt)	ummak	[ummak]
to hunt (vi, vt)	avlamak	[avlamak]
to hurry (vi)	acele etmek	[adʒælæ ætmæk]

15. The most important verbs. Part 3

to inform (vt)	bilgi vermek	[biʎgi værmæk]
to insist (vi, vt)	ısrar etmek	[ısrar ætmæk]
to insult (vt)	hakaret etmek	[hakaræt ætmæk]
to invite (vt)	davet etmek	[davæt ætmæk]
to joke (vi)	şaka yapmak	[ʃaka japmak]
to keep (vt)	saklamak	[saklamak]
to keep silent	susmak	[susmak]
to kill (vt)	öldürmek	[øldyrmæk]
to know (sb)	tanımak	[tanımak]
to know (sth)	bilmek	[biʎmæk]

to laugh (vi)	gülmek	[gyʎmæk]
to liberate (city, etc.)	özgür bırakmak	[øzgyr bırakmak]
to like (I like ...)	hoşlanmak	[hoʃlanmak]
to look for ... (search)	aramak	[aramak]
to love (sb)	sevmek	[sævmæk]
to make a mistake	hata yapmak	[hata japmak]
to manage, to run	yönetmek	[jonætmæk]
to mean (signify)	anlamına gelmek	[anlamina gæʎmæk]
to mention (talk about)	anmak	[anmak]
to miss (school, etc.)	gelmemek	[gæʎmæmæk]
to notice (see)	farketmek	[farkætmæk]

to object (vi, vt)	itiraz etmek	[itiraz ætmæk]
to observe (see)	gözlemlemek	[gøzlæmlæmæk]
to open (vt)	açmak	[atʃmak]
to order (meal, etc.)	sipariş etmek	[spariʃ ætmæk]
to order (mil.)	emretmek	[æmrætmæk]
to own (possess)	sahip olmak	[sahip olmak]

to participate (vi)	katılmak	[katılmak]
to pay (vi, vt)	ödemek	[ødæmæk]
to permit (vt)	izin vermek	[izin værmæk]
to plan (vt)	planlamak	[pʎanlamak]
to play (children)	oynamak	[ojnamak]
to pray (vi, vt)	dua etmek	[dua ætmæk]
to prefer (vt)	tercih etmek	[tærdʒih ætmæk]
to promise (vt)	vaat etmek	[va:t ætmæk]
to pronounce (vt)	telâffuz etmek	[tæʎafuz ætmæk]
to propose (vt)	önermek	[ønærmæk]
to punish (vt)	cezalandırmak	[dʒæzalandırmak]

16. The most important verbs. Part 4

to read (vi, vt)	okumak	[okumak]
to recommend (vt)	tavsiye etmek	[tavsijæ ætmæk]
to refuse (vi, vt)	reddetmek	[ræddætmæk]

| to regret (be sorry) | üzülmek | [juzylmæk] |
| to rent (sth from sb) | kiralamak | [kiralamak] |

to repeat (say again)	tekrar etmek	[tækrar ætmæk]
to reserve, to book	rezerve etmek	[ræzærvæ ætmæk]
to run (vi)	koşmak	[koʃmak]
to save (rescue)	kurtarmak	[kurtarmak]
to say (~ thank you)	söylemek	[søjlæmæk]

to scold (vt)	sövmek	[søvmæk]
to see (vt)	görmek	[gørmæk]
to sell (vt)	satmak	[satmak]
to send (vt)	göndermek	[gøndærmæk]
to shoot (vi)	ateş etmek	[ataeʃ ætmæk]

to shout (vi)	bağırmak	[baırmak]
to show (vt)	göstermek	[gøstærmæk]
to sign (document)	imzalamak	[imzalamak]
to sit down (vi)	oturmak	[oturmak]

to smile (vi)	gülümsemek	[gylymsæmæk]
to speak (vi, vt)	konuşmak	[konuʃmak]
to steal (money, etc.)	çalmak	[tʃalmak]
to stop (for pause, etc.)	durmak	[durmak]
to stop (please ~ calling me)	durdurmak	[durdurmak]

to study (vt)	öğrenmek	[øjrænmæk]
to swim (vi)	yüzmek	[juzmæk]
to take (vt)	almak	[almak]
to think (vi, vt)	düşünmek	[dyʃynmæk]
to threaten (vt)	tehdit etmek	[tæhdit ætmæk]

to touch (with hands)	ellemek	[ællæmæk]
to translate (vt)	çevirmek	[tʃævirmæk]
to trust (vt)	güvenmek	[gyvænmæk]
to try (attempt)	denemek	[dænæmæk]
to turn (e.g., ~ left)	dönmek	[dønmæk]

to underestimate (vt)	değerini bilmemek	[dæ:rini bilmæmæk]
to understand (vt)	anlamak	[anlamak]
to unite (vt)	birleştirmek	[birlæʃtirmæk]
to wait (vt)	beklemek	[bæklæmæk]

to want (wish, desire)	istemek	[istæmæk]
to warn (vt)	uyarmak	[ujarmak]
to work (vi)	çalışmak	[tʃalıʃmak]
to write (vt)	yazmak	[jazmak]
to write down	not almak	[not almak]

TIME. CALENDAR

T&P Books Publishing

17. Weekdays

Monday	**Pazartesi**	[pazartæsi]
Tuesday	**Salı**	[salı]
Wednesday	**Çarşamba**	[tʃarʃamba]
Thursday	**Perşembe**	[pærʃæmbæ]
Friday	**Cuma**	[dʒuma]
Saturday	**Cumartesi**	[dʒumartæsi]
Sunday	**Pazar**	[pazar]
today (adv)	**bugün**	[bugyn]
tomorrow (adv)	**yarın**	[jarın]
the day after tomorrow	**öbür gün**	[øbyr gyn]
yesterday (adv)	**dün**	[dyn]
the day before yesterday	**evvelki gün**	[ævvælki gyn]
day	**gün**	[gyn]
working day	**iş günü**	[iʃ gyny]
public holiday	**bayram günü**	[bajram gyny]
day off	**tatil günü**	[tatil gyny]
weekend	**hafta sonu**	[hafta sonu]
all day long	**bütün gün**	[bytyn gyn]
the next day (adv)	**ertesi gün**	[ærtæsi gyn]
two days ago	**iki gün önce**	[iki gyn øndʒæ]
the day before	**bir gün önce**	[bir gyn øndʒæ]
daily (adj)	**günlük**	[gynlyk]
every day (adv)	**her gün**	[hær gyn]
week	**hafta**	[hafta]
last week (adv)	**geçen hafta**	[gætʃæn hafta]
next week (adv)	**gelecek hafta**	[gæʎdʒæk hafta]
weekly (adj)	**haftalık**	[haftalık]
every week (adv)	**her hafta**	[hær hafta]
twice a week	**haftada iki kez**	[haftada iki kæz]
every Tuesday	**her Salı**	[hær salı]

18. Hours. Day and night

morning	**sabah**	[sabah]
in the morning	**sabahleyin**	[sabahlæjın]
noon, midday	**öğle, gün ortası**	[øjlæ], [gyn ortası]
in the afternoon	**öğleden sonra**	[øjlædæn sonra]
evening	**akşam**	[akʃam]

96

in the evening	akşamleyin	[akʃamlæjɪn]
night	gece	[gædʒæ]
at night	geceleyin	[gædʒælæjɪn]
midnight	gece yarısı	[gædʒæ jarɪsɪ]

second	saniye	[sanijæ]
minute	dakika	[dakika]
hour	saat	[sa:t]
half an hour	yarım saat	[jarɪm sa:t]
a quarter-hour	çeyrek saat	[tʃæjræk sa:t]
fifteen minutes	on beş dakika	[on bæʃ dakika]
24 hours	yirmi dört saat	[jɪrmi dørt sa:t]

sunrise	güneşin doğuşu	[gynæʃin douʃu]
dawn	şafak	[ʃafak]
early morning	sabah erken	[sabah ærkæn]
sunset	güneş batışı	[gynæʃ batɪʃɪ]

early in the morning	sabahın köründe	[sabahɪn køryndæ]
this morning	bu sabah	[bu sabah]
tomorrow morning	yarın sabah	[jarɪn sabah]

this afternoon	bu ikindi	[bu ikindi]
in the afternoon	öğleden sonra	[øjlædæn sonra]
tomorrow afternoon	yarın öğleden sonra	[jarɪn øælædæn sonra]

| tonight (this evening) | bu akşam | [bu akʃam] |
| tomorrow night | yarın akşam | [jarɪn akʃam] |

at 3 o'clock sharp	tam saat üçte	[tam sa:t jutʃtæ]
about 4 o'clock	saat dört civarında	[sa:t dørt dʒivarɪnda]
by 12 o'clock	saat on ikiye doğru	[sa:t on ikijæ do:ru]

in 20 minutes	yirmi dakika içinde	[jɪrmi dakika itʃindæ]
in an hour	bir saat sonra	[bir sa:t sonra]
on time (adv)	zamanında	[zamanɪnda]

a quarter of ...	çeyrek kala	[tʃæjræk kala]
within an hour	bir saat içinde	[bir sa:t itʃindæ]
every 15 minutes	her on beş dakika	[hær on bæʃ dakika]
round the clock	gece gündüz	[gædʒæ gyndyz]

19. Months. Seasons

January	ocak	[odʒak]
February	şubat	[ʃubat]
March	mart	[mart]
April	nisan	[nisan]
May	mayıs	[majɪs]
June	haziran	[haziran]

July	temmuz	[tæmmuz]
August	ağustos	[a:ustos]
September	eylül	[æjlyʌ]
October	ekim	[ækim]
November	kasım	[kasım]
December	aralık	[aralık]

spring	ilkbahar	[iʌkbahar]
in spring	ilkbaharda	[iʌkbaharda]
spring (as adj)	ilkbahar	[iʌkbahar]

summer	yaz	[jaz]
in summer	yazın	[jazın]
summer (as adj)	yaz	[jaz]

fall	sonbahar	[sonbahar]
in fall	sonbaharda	[sonbaharda]
fall (as adj)	sonbahar	[sonbahar]

winter	kış	[kıʃ]
in winter	kışın	[kıʃın]
winter (as adj)	kış, kışlık	[kıʃ], [kıʃlık]

month	ay	[aj]
this month	bu ay	[bu aj]
next month	gelecek ay	[gælædʒæk aj]
last month	geçen ay	[gætʃæn aj]

a month ago	bir ay önce	[bir aj øndʒæ]
in a month (a month later)	bir ay sonra	[bir aj sonra]
in 2 months (2 months later)	iki ay sonra	[iki aj sonra]
the whole month	tüm ay	[tym aj]
all month long	bütün ay	[bytyn aj]

monthly (~ magazine)	aylık	[ajlık]
monthly (adv)	her ay	[hær aj]
every month	her ay	[hær aj]
twice a month	ayda iki kez	[ajda iki kæz]

year	yıl, sene	[jıl], [sænæ]
this year	bu sene, bu yıl	[bu sænæ], [bu jıl]
next year	gelecek sene	[gælædʒæk sænæ]
last year	geçen sene	[gætʃæn sænæ]

a year ago	bir yıl önce	[bir jıl øndʒæ]
in a year	bir yıl sonra	[bir jıl sonra]
in two years	iki yıl sonra	[iki jıl sonra]
the whole year	tüm yıl	[tym jıl]
all year long	bütün yıl	[bytyn jıl]
every year	her sene	[hær sænæ]
annual (adj)	yıllık	[jıllık]

| annually (adv) | her yıl | [hær jıl] |
| 4 times a year | yılda dört kere | [jılda dørt kæræ] |

date (e.g., today's ~)	tarih	[tarih]
date (e.g., ~ of birth)	tarih	[tarih]
calendar	takvim	[takvim]

half a year	yarım yıl	[jarım jıl]
six months	altı ay	[altı aj]
season (summer, etc.)	mevsim	[mævsim]
century	yüzyıl	[juz jıl]

TRAVEL. HOTEL

T&P Books Publishing

20. Trip. Travel

tourism, travel	**turizm**	[turizm]
tourist	**turist**	[turist]
trip, voyage	**seyahat**	[sæejahat]
adventure	**macera**	[madʒæra]
trip, journey	**gezi**	[gæzi]
vacation	**izin**	[izin]
to be on vacation	**izinli olmak**	[izinli olmak]
rest	**istirahat**	[istirahat]
train	**tren**	[træn]
by train	**trenle**	[trænlæ]
airplane	**uçak**	[utʃak]
by airplane	**uçakla**	[utʃakla]
by car	**arabayla**	[arabajla]
by ship	**gemide**	[gæmidæ]
luggage	**bagaj**	[bagaʒ]
suitcase	**bavul**	[bavul]
luggage cart	**bagaj arabası**	[bagaʒ arabası]
passport	**pasaport**	[pasaport]
visa	**vize**	[vizæ]
ticket	**bilet**	[bilæt]
air ticket	**uçak bileti**	[utʃak bilæti]
guidebook	**rehber**	[ræhbær]
map (tourist ~)	**harita**	[harita]
area (rural ~)	**alan**	[alan]
place, site	**yer**	[jær]
exotica (n)	**egzotik**	[ækzotik]
exotic (adj)	**egzotik**	[ækzotik]
amazing (adj)	**şaşırtıcı**	[ʃaʃirtıdʒı]
group	**grup**	[grup]
excursion, sightseeing tour	**gezi**	[gæzi]
guide (person)	**rehber**	[ræhbær]

21. Hotel

hotel	**otel**	[otæʎ]
motel	**motel**	[motæʎ]

three-star	üç yıldızlı	[jutʃ jıldızlı]
five-star	beş yıldızlı	[bæʃ jıldızlı]
to stay (in hotel, etc.)	kalmak	[kalmak]

room	oda	[oda]
single room	tek kişilik oda	[tæk kiʃilik oda]
double room	iki kişilik oda	[iki kiʃilik oda]
to book a room	oda ayırtmak	[oda aırtmak]

| half board | yarım pansiyon | [jarım pansɪon] |
| full board | tam pansiyon | [tam pansɪon] |

with bath	banyolu	[baɲjolu]
with shower	duşlu	[duʃlu]
satellite television	uydu televizyonu	[ujdu tælævizɪonu]
air-conditioner	klima	[klima]
towel	havlu	[havlu]
key	anahtar	[anahtar]

administrator	idareci	[idarædʒi]
chambermaid	hizmetçi	[hizmætʃi]
porter, bellboy	hamal	[hamal]
doorman	kapıcı	[kapıdʒı]

restaurant	restoran	[ræstoran]
pub, bar	bar	[bar]
breakfast	kahvaltı	[kahvaltı]
dinner	akşam yemeği	[akʃam jæmæi]
buffet	açık büfe	[atʃık byfæ]

| lobby | lobi | [lobi] |
| elevator | asansör | [asansør] |

| DO NOT DISTURB | RAHATSIZ ETMEYIN | [rahatsız ætmæjın] |
| NO SMOKING | SİGARA İÇİLMEZ | [sigara itʃiʎmæz] |

22. Sightseeing

monument	anıt	[anıt]
fortress	kale	[kalæ]
palace	saray	[saraj]
castle	şato	[ʃato]
tower	kule	[kulæ]
mausoleum	anıtkabir	[anıtkabir]

architecture	mimarlık	[mimarlik]
medieval (adj)	ortaçağ	[ortatʃa:]
ancient (adj)	antik, eski	[antik], [æski]
national (adj)	milli	[milli]
well-known (adj)	meşhur	[mæʃhur]

tourist	**turist**	[turist]
guide (person)	**rehber**	[ræhbær]
excursion, sightseeing tour	**gezi**	[gæzi]
to show (vt)	**göstermek**	[gøstærmæk]
to tell (vt)	**anlatmak**	[anlatmak]
to find (vt)	**bulmak**	[bulmak]
to get lost (lose one's way)	**kaybolmak**	[kajbolmak]
map (e.g., subway ~)	**şema**	[ʃæma]
map (e.g., city ~)	**plan**	[pʌan]
souvenir, gift	**hediye**	[hædijæ]
gift shop	**hediyelik eşya mağazası**	[hædijælik æʃʃa ma:zası]
to take pictures	**fotoğraf çekmek**	[fotoraf tʃækmæk]
to have one's picture taken	**fotoğraf çektirmek**	[fotoraf tʃæktirmæk]

T&P BOOKS

TRANSPORTATION

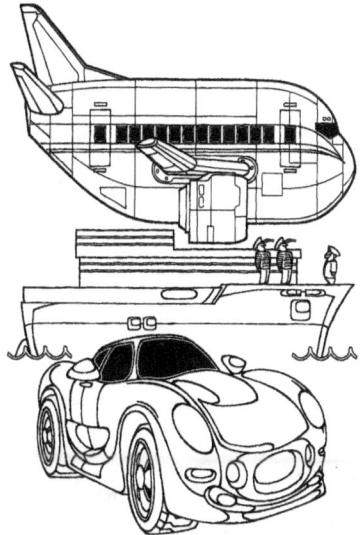

T&P Books Publishing

23. Airport

airport	havaalanı	[hava:lanı]
airplane	uçak	[utʃak]
airline	hava yolları şirketi	[hava jolları ʃirkæti]
air traffic controller	hava trafik kontrolörü	[hava trafik kontroløry]
departure	kalkış	[kalkıʃ]
arrival	varış	[varıʃ]
to arrive (by plane)	varmak	[varmak]
departure time	kalkış saati	[kalkıʃ sa:ti]
arrival time	iniş saati	[iniʃ sa:ti]
to be delayed	gecikmek	[gædʒikmæk]
flight delay	gecikme	[gædʒikmæ]
information board	bilgi panosu	[biʎgi panosu]
information	danışma	[danıʃma]
to announce (vt)	anons etmek	[anons ætmæk]
flight (e.g., next ~)	uçuş, sefer	[utʃuʃ], [sæfær]
customs	gümrük	[gymryk]
customs officer	gümrükçü	[gymryktʃu]
customs declaration	gümrük beyannamesi	[gymryk bæjaŋamæsi]
to fill out the declaration	beyanname doldurmak	[bæjaŋamæ doldurmak]
passport control	pasaport kontrol	[pasaport kontroʎ]
luggage	bagaj	[bagaʒ]
hand luggage	el bagajı	[æʎ bagaʒı]
Lost Luggage Desk	kayıp eşya bürosu	[kajıp æʃja byrosu]
luggage cart	bagaj arabası	[bagaʒ arabası]
landing	iniş	[iniʃ]
landing strip	iniş pisti	[iniʃ pisti]
to land (vi)	inmek	[inmæk]
airstairs	uçak merdiveni	[utʃak mærdivæni]
check-in	check-in	[tʃækin]
check-in desk	kontuar check-in	[kontuar tʃækin]
to check-in (vi)	check-in yapmak	[tʃækin japmak]
boarding pass	biniş kartı	[biniʃ kartı]
departure gate	çıkış kapısı	[tʃıkıʃ kapısı]
transit	transit	[transit]
to wait (vt)	beklemek	[bæklæmæk]

departure lounge	bekleme salonu	[bæklæmæ salonu]
to see off	yolcu etmek	[joldʒu ætmæk]
to say goodbye	vedalaşmak	[vædalaʃmak]

24. Airplane

airplane	uçak	[utʃak]
air ticket	uçak bileti	[utʃak bilæti]
airline	hava yolları şirketi	[hava jolları ʃirkæti]
airport	havaalanı	[hava:lanı]
supersonic (adj)	sesüstü	[sæsysty]

captain	kaptan pilot	[kaptan pilot]
crew	ekip	[ækip]
pilot	pilot	[pilot]
flight attendant	hostes	[hostæs]
navigator	seyrüseferci	[sæjrysæfærdʒi]

wings	kanatlar	[kanatlar]
tail	kuyruk	[kujruk]
cockpit	kabin	[kabin]
engine	motor	[motor]
undercarriage (landing gear)	iniş takımı	[iniʃ takımı]
turbine	türbin	[tyrbin]

propeller	pervane	[pærvanæ]
black box	kara kutu	[kara kutu]
yoke (control column)	kumanda kolu	[kumanda kolu]
fuel	yakıt	[jakıt]
safety card	güvenlik kartı	[gyvænlik kartı]
oxygen mask	oksijen maskesi	[oksiʒæn maskæsi]
uniform	üniforma	[juniforma]
life vest	can yeleği	[dʒan jælæi]
parachute	paraşüt	[paraʃyt]

takeoff	kalkış	[kalkıʃ]
to take off (vi)	kalkmak	[kalkmak]
runway	kalkış pisti	[kalkıʃ pisti]

visibility	görüş	[gøryʃ]
flight (act of flying)	uçuş	[utʃuʃ]
altitude	yükseklik	[juksæklik]
air pocket	hava boşluğu	[hava boʃlu:]

seat	yer	[jær]
headphones	kulaklık	[kulaklık]
folding tray (tray table)	katlanır tepsi	[katlanır tæpsi]
airplane window	pencere	[pændʒæræ]
aisle	koridor	[koridor]

25. Train

train	tren	[træn]
commuter train	elektrikli tren	[ælæktrikli træn]
express train	hızlı tren	[hızlı træn]
diesel locomotive	dizel lokomotifi	[dizæʎ lokomotifi]
steam locomotive	lokomotif	[lokomotif]

passenger car	vagon	[vagon]
dining car	vagon restoran	[vagon ræstoran]

rails	ray	[raj]
railroad	demir yolu	[dæmir jolu]
railway tie	travers	[traværs]

platform (railway ~)	peron	[pæron]
track (~ 1, 2, etc.)	yol	[jol]
semaphore	semafor	[sæmafor]
station	istasyon	[istasʲon]

engineer (train driver)	makinist	[makinist]
porter (of luggage)	hamal	[hamal]
car attendant	kondüktör	[kondyktør]
passenger	yolcu	[joldʒu]
conductor (ticket inspector)	kondüktör	[kondyktør]

corridor (in train)	koridor	[koridor]
emergency brake	imdat freni	[imdat fræni]

compartment	kompartıman	[kompartıman]
berth	yatak	[jatak]
upper berth	üst yatak	[just jatak]
lower berth	alt yatak	[alt jatak]
bed linen, bedding	yatak takımı	[jatak takımı]

ticket	bilet	[bilæt]
schedule	tarife	[tarifæ]
information display	sefer tarifesi	[sæfær tarifæsi]

to leave, to depart	kalkmak	[kalkmak]
departure (of train)	kalkış	[kalkıʃ]
to arrive (ab. train)	varmak	[varmak]
arrival	varış	[varıʃ]

to arrive by train	trenle gelmek	[trænlæ gæʎmæk]
to get on the train	trene binmek	[trænæ binmæk]
to get off the train	trenden inmek	[trændæn inmæk]

steam locomotive	lokomotif	[lokomotif]
stoker, fireman	ocakçı	[odʒaktʃı]

| firebox | ocak | [odʒak] |
| coal | kömür | [kømyr] |

26. Ship

| ship | gemi | [gæmi] |
| vessel | tekne | [tæknæ] |

steamship	vapur	[vapur]
riverboat	dizel motorlu gemi	[dizæʌ motorlu gæmi]
cruise ship	büyük gemi	[byjuk gæmi]
cruiser	kruvazör	[kruvazør]

yacht	yat	[jat]
tugboat	römorkör	[rømorkør]
barge	yük dubası	[juk dubası]
ferry	feribot	[færibot]

| sailing ship | yelkenli gemi | [jælkænli gæmi] |
| brigantine | gulet | [gulæt] |

| ice breaker | buzkıran | [buzkıran] |
| submarine | denizaltı | [dænizaltı] |

boat (flat-bottomed ~)	kayık	[kajık]
dinghy	filika	[filika]
lifeboat	cankurtaran filikası	[dʒaŋkurtaran filikası]
motorboat	sürat teknesi	[syrat tæknæsi]

captain	kaptan	[kaptan]
seaman	tayfa	[tajfa]
sailor	denizci	[dænizdʒi]
crew	mürettebat	[myrættæbat]

boatswain	lostromo	[lostromo]
ship's boy	miço	[mitʃo]
cook	gemi aşçısı	[gæmi aʃtʃısı]
ship's doctor	gemi doktoru	[gæmi doktoru]

deck	güverte	[gyværtæ]
mast	direk	[diræk]
sail	yelken	[jæʌkæn]

hold	ambar	[ambar]
bow (prow)	geminin baş tarafı	[gæminin baʃ tarafı]
stern	kıç	[kıtʃ]
oar	kürek	[kyræk]
screw propeller	pervane	[pærvanæ]
cabin	kamara	[kamara]
wardroom	subay yemek salonu	[subaj jæmæk salonu]

engine room	makine dairesi	[makinæ dairæsi]
bridge	kaptan köprüsü	[kaptan køprysy]
radio room	telsiz odası	[tælsiz odası]
wave (radio)	dalga	[dalga]
logbook	gemi jurnali	[gæmi ʒurnalı]

spyglass	tek dürbün	[tæk dyrbyn]
bell	çan	[tʃan]
flag	bayrak	[bajrak]

| rope (mooring ~) | halat | [halat] |
| knot (bowline, etc.) | düğüm | [dyjum] |

| deckrails | vardavela | [vardavæla] |
| gangway | iskele | [iskælæ] |

anchor	çapa, demir	[tʃapa], [dæmir]
to weigh anchor	demir almak	[dæmir almak]
to drop anchor	demir atmak	[dæmir atmak]
anchor chain	çapa zinciri	[tʃapa zindʒiri]

port (harbor)	liman	[liman]
quay, wharf	iskele, rıhtım	[iskælæ], [rihtim]
to berth (moor)	yanaşmak	[janaʃmak]
to cast off	iskeleden ayrılmak	[iskælædæn ajrılmak]

trip, voyage	seyahat	[sæjahat]
cruise (sea trip)	gemi turu	[gæmi turu]
course (route)	seyir	[sæjır]
route (itinerary)	rota	[rota]

fairway	seyir koridoru	[sæjır koridoru]
shallows	sığlık	[sıːlık]
to run aground	karaya oturmak	[karaja oturmak]

storm	fırtına	[fırtına]
signal	sinyal	[sinjaʎ]
to sink (vi)	batmak	[batmak]
SOS (distress signal)	SOS	[æs o æs]
ring buoy	can simidi	[dʒan simidi]

CITY

T&P Books Publishing

bus	otobüs	[otobys]
streetcar	tramvay	[tramvaj]
trolley bus	troleybüs	[trolæjbys]
route (of bus, etc.)	rota	[rota]
number (e.g., bus ~)	numara	[numara]

to go by ...	... gitmek	[gitmæk]
to get on (~ the bus)	... binmek	[binmæk]
to get off ...	... inmek	[inmæk]

stop (e.g., bus ~)	durak	[durak]
next stop	sonraki durak	[sonraki durak]
terminus	son durak	[son durak]
schedule	tarife	[tarifæ]
to wait (vt)	beklemek	[bæklæmæk]

ticket	bilet	[bilæt]
fare	bilet fiyatı	[bilæt fijatı]

cashier (ticket seller)	kasiyer	[kasijær]
ticket inspection	bilet kontrolü	[bilæt kontroly]
ticket inspector	kondüktör	[kondyktør]

to be late (for ...)	gecikmek	[gædʒikmæk]
to miss (~ the train, etc.)	... kaçırmak	[katʃirmak]
to be in a hurry	acele etmek	[adʒælæ ætmæk]

taxi, cab	taksi	[taksi]
taxi driver	taksici	[taksidʒi]
by taxi	taksiyle	[taksi:læ]
taxi stand	taksi durağı	[taksi duraı]
to call a taxi	taksi çağırmak	[taksi tʃaırmak]
to take a taxi	taksi tutmak	[taksi tutmak]

traffic	trafik	[trafik]
traffic jam	trafik sıkışıklığı	[trafik sıkıʃıklı:]
rush hour	bitirim ikili	[bitirim ikili]
to park (vi)	park etmek	[park ætmæk]
to park (vt)	park etmek	[park ætmæk]
parking lot	park yeri	[park jæri]

subway	metro	[mætro]
station	istasyon	[istasʲon]
to take the subway	metroya binmek	[mætroja binmæk]

train	tren	[træn]
train station	istasyon	[istasʲon]

28. City. Life in the city

city, town	kent, şehir	[kænt], [ʃæhir]
capital city	başkent	[baʃkænt]
village	köy	[køj]

city map	şehir planı	[ʃæhir planı]
downtown	şehir merkezi	[ʃæhir mærkæzi]
suburb	varoş	[varoʃ]
suburban (adj)	banliyö	[banʎjo]

outskirts	şehir kenarı	[ʃæhir kænarı]
environs (suburbs)	çevre	[ʧævræ]
city block	mahalle	[mahalæ]
residential block (area)	yerleşim bölgesi	[jærlæʃim bøʎgæsi]

traffic	trafik	[trafik]
traffic lights	trafik ışıkları	[trafik iʃıkları]
public transportation	toplu taşıma	[toplu taʃima]
intersection	kavşak	[kavʃak]

crosswalk	yaya geçidi	[jaja gæʧidi]
pedestrian underpass	yeraltı geçidi	[jæraltı gæʧidi]
to cross (~ the street)	geçmek	[gæʧmæk]
pedestrian	yaya	[jaja]
sidewalk	yaya kaldırımı	[jaja kaldırımı]

bridge	köprü	[køpry]
embankment (river walk)	rıhtım	[rıhtım]

allée (garden walkway)	park yolu	[park jolu]
park	park	[park]
boulevard	bulvar	[buʎvar]
square	meydan	[mæjdan]
avenue (wide street)	geniş cadde	[gæniʃ dʒaddæ]
street	sokak, cadde	[sokak], [dʒaddæ]
side street	ara sokak	[ara sokak]
dead end	çıkmaz sokak	[ʧıkmaz sokak]

house	ev	[æv]
building	bina	[bina]
skyscraper	gökdelen	[gøkdælæn]

facade	cephe	[dʒæphæ]
roof	çatı	[ʧatı]
window	pencere	[pændʒæræ]
arch	kemer	[kæmær]

column	sütün	[sytyn]
corner	köşe	[køʃæ]

store window	vitrin	[vitrin]
signboard (store sign, etc.)	levha	[lævha]
poster	afiş	[afiʃ]
advertising poster	reklam panosu	[ræklam panosu]
billboard	reklam panosu	[ræklam panosu]

garbage, trash	çöp	[ʧop]
trashcan (public ~)	çöp tenekesi	[ʧop tænækæsi]
to litter (vi)	çöp atmak	[ʧop atmak]
garbage dump	çöplük	[ʧoplyk]

phone booth	telefon kulübesi	[tælæfon kylybæsi]
lamppost	fener direği	[fænær diræi]
bench (park ~)	bank	[baŋk]

police officer	erkek polis	[ærkæk polis]
police	polis	[polis]
beggar	dilenci	[dilænʤi]
homeless (n)	evsiz	[ævsiz]

29. Urban institutions

store	mağaza	[ma:za]
drugstore, pharmacy	eczane	[æʤzanæ]
eyeglass store	optik	[optik]
shopping mall	alışveriş merkezi	[alıʃværiʃ mærkæzi]
supermarket	süpermarket	[sypærmarkæt]

bakery	ekmekçi dükkânı	[ækmækʧi dykkanı]
baker	fırıncı	[fırınʤı]
candy store	pastane	[pastanæ]
grocery store	bakkaliye	[bakkalijæ]
butcher shop	kasap dükkanı	[kasap dykkanı]

produce store	manav	[manav]
market	çarşı	[ʧarʃı]

coffee house	kahvehane	[kahvæhanæ]
restaurant	restoran	[ræstoran]
pub, bar	birahane	[birahanæ]
pizzeria	pizzacı	[pizaʤı]

hair salon	kuaför salonu	[kuafør salonu]
post office	postane	[postanæ]
dry cleaners	kuru temizleme	[kuru tæmizlæmæ]
photo studio	fotoğraf stüdyosu	[fotoraf stydʲosu]
shoe store	ayakkabı mağazası	[ajakkabı ma:zası]

bookstore	kitabevi	[kitabævi]
sporting goods store	spor mağazası	[spor ma:zası]
clothes repair shop	elbise tamiri	[æʌbisæ tamiri]
formal wear rental	giysi kiralama	[gijsı kiralama]
video rental store	film kiralama	[film kiralama]
circus	sirk	[sirk]
zoo	hayvanat bahçesi	[hajvanat bahtʃæsi]
movie theater	sinema	[sinæma]
museum	müze	[myzæ]
library	kütüphane	[kytyphanæ]
theater	tiyatro	[tijatro]
opera (opera house)	opera	[opæra]
nightclub	gece kulübü	[gæʤæ kulyby]
casino	kazino	[kazino]
mosque	cami	[ʤami]
synagogue	sinagog	[sinagog]
cathedral	katedral	[katædral]
temple	ibadethane	[ibadæthanæ]
church	kilise	[kilisæ]
college	enstitü	[ænstity]
university	üniversite	[juniværsitæ]
school	okul	[okul]
prefecture	belediye	[bælædijæ]
city hall	belediye	[bælædijæ]
hotel	otel	[otæʎ]
bank	banka	[baŋka]
embassy	elçilik	[æʌtʃilik]
travel agency	seyahat acentesi	[sæjahat aʤæntæsi]
information office	danışma bürosu	[danıʃma byrosu]
currency exchange	döviz bürosu	[døviz byrosu]
subway	metro	[mætro]
hospital	hastane	[hastanæ]
gas station	benzin istasyonu	[bænzin istasʲonu]
parking lot	park yeri	[park jæri]

30. Signs

signboard (store sign, etc.)	levha	[lævha]
notice (door sign, etc.)	yazı	[jazı]
poster	poster, afiş	[postær], [afiʃ]
direction sign	işaret	[iʃaræt]

arrow (sign)	**ok**	[ok]
caution	**ikaz, uyarı**	[ikaz], [ujarı]
warning sign	**uyarı**	[ujarı]
to warn (vt)	**uyarmak**	[ujarmak]

rest day (weekly ~)	**tatil günü**	[tatil gyny]
timetable (schedule)	**tarife**	[tarifæ]
opening hours	**çalışma saatleri**	[tʃalıʃma sa:tlæri]

WELCOME!	**HOŞ GELDİNİZ**	[hoʃ gældiniz]
ENTRANCE	**GİRİŞ**	[giriʃ]
EXIT	**ÇIKIŞ**	[tʃıkıʃ]

PUSH	**İTİNİZ**	[itiniz]
PULL	**ÇEKİNİZ**	[tʃækiniz]

OPEN	**AÇIK**	[atʃık]
CLOSED	**KAPALI**	[kapalı]

WOMEN	**BAYAN**	[bajan]
MEN	**BAY**	[baj]

DISCOUNTS	**İNDİRİM**	[indirim]
SALE	**UCUZLUK**	[udʒuzluk]

NEW!	**YENİ**	[jæni]
FREE	**BEDAVA**	[bædava]

ATTENTION!	**DİKKAT!**	[dikkat]
NO VACANCIES	**BOS YER YOK**	[bos jær jok]
RESERVED	**REZERVE**	[ræzærvæ]

ADMINISTRATION	**MÜDÜR**	[mydyr]
STAFF ONLY	**PERSONEL HARİCİ GİREMEZ**	[pærsonæl haridʒi giræmæz]

BEWARE OF THE DOG!	**DİKKAT KÖPEK VAR**	[dikkat køpæk var]
NO SMOKING	**SİGARA İÇİLMEZ**	[sigara itʃiʎmæz]
DO NOT TOUCH!	**DOKUNMAK YASAKTIR**	[dokunmak jasaktır]

DANGEROUS	**TEHLİKELİ**	[tæhlikæli]
DANGER	**TEHLİKE**	[tæhlikæ]
HIGH VOLTAGE	**YÜKSEK GERİLİM**	[juksæk gærilim]

NO SWIMMING!	**SUYA GİRMEK YASAKTIR**	[suja girmæk jasaktır]
OUT OF ORDER	**HİZMET DIŞI**	[hizmæt diʃı]

FLAMMABLE	**YANICI MADDE**	[janidʒi maddæ]
FORBIDDEN	**YASAKTIR**	[jasaktır]
NO TRESPASSING!	**GİRMEK YASAKTIR**	[girmæk jasaktır]
WET PAINT	**DİKKAT ISLAK BOYA**	[dikkat ıslak boja]

31. Shopping

to buy (purchase)	satın almak	[satın almak]
purchase	satın alınan şey	[satın alınan ʃæj]
to go shopping	alışverişe gitmek	[alıʃværiʃæ gitmæk]
shopping	alışveriş	[alıʃværiʃ]
to be open (ab. store)	çalışmak	[tʃalıʃmak]
to be closed	kapanmak	[kapanmak]
footwear, shoes	ayakkabı	[ajakkabı]
clothes, clothing	elbise	[æʌbisæ]
cosmetics	kozmetik	[kozmætik]
food products	gıda ürünleri	[gıda jurynlæri]
gift, present	hediye	[hædijæ]
salesman	satıcı	[satıdʒı]
saleswoman	satıcı kadın	[satıdʒı kadın]
check out, cash desk	kasa	[kasa]
mirror	ayna	[ajna]
counter (store ~)	tezgâh	[tæzgʲah]
fitting room	deneme kabini	[dænæmæ kabini]
to try on	prova yapmak	[prova japmak]
to fit (ab. dress, etc.)	uymak	[ujmak]
to like (I like ...)	hoşlanmak	[hoʃlanmak]
price	fiyat	[fijat]
price tag	fiyat etiketi	[fijat ætikætlæri]
to cost (vt)	değerinde olmak	[dæ:rindæ olmak]
How much?	Kaç?	[katʃ]
discount	indirim	[indirim]
inexpensive (adj)	masrafsız	[masrafsıs]
cheap (adj)	ucuz	[udʒuz]
expensive (adj)	pahalı	[pahalı]
It's expensive	bu pahalıdır	[bu pahalıdır]
rental (n)	kira	[kira]
to rent (~ a tuxedo)	kiralamak	[kiralamak]
credit (trade credit)	kredi	[krædi]
on credit (adv)	krediyle	[krædijlæ]

T&P BOOKS

CLOTHING & ACCESSORIES

T&P Books Publishing

32. Outerwear. Coats

clothes	**elbise, kıyafet**	[æʌbisæ], [kıjafæt]
outerwear	**üst kıyafet**	[just kıjafæt]
winter clothing	**kışlık kıyafet**	[kıʃlık kıjafæt]
coat (overcoat)	**palto**	[paʌto]
fur coat	**kürk manto**	[kyrk manto]
fur jacket	**kürk ceket**	[kyrk dʒækæt]
down coat	**ceket aşağı**	[dʒækæt aʃaı]
jacket (e.g., leather ~)	**ceket**	[dʒækæt]
raincoat (trenchcoat, etc.)	**trençkot**	[træntʃkot]
waterproof (adj)	**su geçirmez**	[su gætʃirmæz]

33. Men's & women's clothing

shirt (button shirt)	**gömlek**	[gømlæk]
pants	**pantolon**	[pantolon]
jeans	**kot pantolon**	[kot pantolon]
suit jacket	**ceket**	[dʒækæt]
suit	**takım elbise**	[takım æʌbisæ]
dress (frock)	**elbise, kıyafet**	[æʌbisæ], [kıjafæt]
skirt	**etek**	[ætæk]
blouse	**gömlek, bluz**	[gømlæk], [bluz]
knitted jacket (cardigan, etc.)	**hırka**	[hırka]
jacket (of woman's suit)	**ceket**	[dʒækæt]
T-shirt	**tişört**	[tiʃort]
shorts (short trousers)	**şort**	[ʃort]
tracksuit	**eşofman**	[æʃofman]
bathrobe	**bornoz**	[bornoz]
pajamas	**pijama**	[piʒama]
sweater	**süveter**	[syvætær]
pullover	**pulover**	[pulovær]
vest	**yelek**	[jælæk]
tailcoat	**frak**	[frak]
tuxedo	**smokin**	[smokin]
uniform	**üniforma**	[juniforma]
workwear	**iş elbisesi**	[iʃ æʌbisæsi]

overalls	tulum	[tulum]
coat (e.g., doctor's smock)	önlük	[ønlyk]

34. Clothing. Underwear

underwear	iç çamaşırı	[itʃ tʃamaʃɪrɪ]
undershirt (A-shirt)	atlet	[atlæt]
socks	kısa çorap	[kɪsa tʃorap]

nightgown	gecelik	[gædʒælik]
bra	sutyen	[sutʲæn]
knee highs (knee-high socks)	diz hizası çorap	[diz hizası tʃorap]
pantyhose	külotlu çorap	[kyløtly tʃorap]
stockings (thigh highs)	çorap	[tʃorap]
bathing suit	mayo	[majo]

35. Headwear

hat	şapka	[ʃapka]
fedora	fötr şapka	[føtr ʃapka]
baseball cap	beyzbol şapkası	[bæjzbol ʃapkası]
flatcap	kasket	[kaskæt]

beret	bere	[bæræ]
hood	kapüşon	[kapyʃon]
panama hat	panama	[panama]
knit cap (knitted hat)	örgü şapka	[ørgy ʃapka]

headscarf	başörtüsü	[baʃ ørtysy]
women's hat	kadın şapkası	[kadın ʃapkası]

hard hat	baret, kask	[baræt], [kask]
garrison cap	kayık kep	[kajık kæp]
helmet	kask	[kask]

derby	melon şapka	[mælon ʃapka]
top hat	silindir şapka	[silindir ʃapka]

36. Footwear

footwear	ayakkabı	[ajakkabı]
shoes (men's shoes)	potinler	[potinlær]
shoes (women's shoes)	ayakkabılar	[ajakkabılar]
boots (cowboy ~)	çizmeler	[tʃɪzmælær]
slippers	terlik	[tærlik]

tennis shoes (e.g., Nike ~)	tenis ayakkabısı	[tænis ajakkabısı]
sneakers (e.g., Converse ~)	spor ayakkabısı	[spor ajakkabısı]
sandals	sandalet	[sandalæt]

cobbler (shoe repairer)	ayakkabıcı	[ajakkabıʤı]
heel	topuk	[topuk]
pair (of shoes)	bir çift ayakkabı	[bir tʃift ajakkabı]

shoestring	bağ	[ba:]
to lace (vt)	bağlamak	[ba:lamak]
shoehorn	kaşık	[kaʃık]
shoe polish	ayakkabı boyası	[ajakkabı bojası]

37. Personal accessories

gloves	eldiven	[æʎdivæn]
mittens	tek parmaklı eldiven	[tæk parmaklı æʎdivæn]
scarf (muffler)	atkı	[atkı]

glasses (eyeglasses)	gözlük	[gøzlyk]
frame (eyeglass ~)	çerçeve	[tʃærtʃævæ]
umbrella	şemsiye	[ʃæmsijæ]
walking stick	baston	[baston]
hairbrush	saç fırçası	[satʃ firtʃası]
fan	yelpaze	[jælpazæ]

tie (necktie)	kravat	[kravat]
bow tie	papyon	[papʲon]
suspenders	pantolon askısı	[pantolon askısı]
handkerchief	mendil	[mændiʎ]

comb	tarak	[tarak]
barrette	toka	[toka]
hairpin	firkete	[firkætæ]
buckle	kemer tokası	[kæmær tokası]

| belt | kemer | [kæmær] |
| shoulder strap | kayış | [kajıʃ] |

bag (handbag)	çanta	[tʃanta]
purse	bayan çantası	[bajan tʃantası]
backpack	arka çantası	[arka tʃantası]

38. Clothing. Miscellaneous

| fashion | moda | [moda] |
| in vogue (adj) | modaya uygun | [modaja ujgun] |

fashion designer	modelci	[modæʌʤi]
collar	yaka	[jaka]
pocket	cep	[ʤæp]
pocket (as adj)	cep	[ʤæp]
sleeve	kol	[kol]
hanging loop	askı	[askı]
fly (on trousers)	pantolon fermuarı	[pantolon færmuarı]
zipper (fastener)	fermuar	[færmuar]
fastener	kopça	[koptʃa]
button	düğme	[dyjmæ]
buttonhole	düğme iliği	[dyjmæ ili:]
to come off (ab. button)	kopmak	[kopmak]
to sew (vi, vt)	dikmek	[dikmæk]
to embroider (vi, vt)	nakış işlemek	[nakıʃ iʃlæmæk]
embroidery	nakış	[nakıʃ]
sewing needle	iğne	[i:næ]
thread	iplik	[iplik]
seam	dikiş	[dikiʃ]
to get dirty (vi)	kirlenmek	[kirlænmæk]
stain (mark, spot)	leke	[lækæ]
to crease, crumple (vi)	buruşmak	[buruʃmak]
to tear, to rip (vt)	yırtmak	[jırtmak]
clothes moth	güve	[gyvæ]

39. Personal care. Cosmetics

toothpaste	diş macunu	[diʃ maʤunu]
toothbrush	diş fırçası	[diʃ fırtʃası]
to brush one's teeth	dişlerini fırçalamak	[diʃlærini fırtʃalamak]
razor	jilet	[ʒilæt]
shaving cream	tıraş kremi	[tıraʃ kræmi]
to shave (vi)	tıraş olmak	[tıraʃ olmak]
soap	sabun	[sabun]
shampoo	şampuan	[ʃampuan]
scissors	makas	[makas]
nail file	tırnak törpüsü	[tırnak tørpysy]
nail clippers	tırnak makası	[tırnak makası]
tweezers	cımbız	[ʤımbız]
cosmetics	kozmetik	[kozmætik]
face mask	yüz maskesi	[juz maskæsi]
manicure	manikür	[manikyr]
to have a manicure	manikür yapmak	[manikyr japmak]
pedicure	pedikür	[pædikyr]

make-up bag	makyaj çantası	[makjaʒ ʧantası]
face powder	pudra	[pudra]
powder compact	pudralık	[pudralık]
blusher	allık	[allık]

perfume (bottled)	parfüm	[parfym]
toilet water (perfume)	parfüm suyu	[parfym suju]
lotion	losyon	[losʲon]
cologne	kolonya	[koloɲja]

eyeshadow	far	[far]
eyeliner	göz kalemi	[gøz kalæmi]
mascara	rimel	[rimæʎ]

lipstick	ruj	[ruʒ]
nail polish, enamel	oje	[oʒæ]
hair spray	saç spreyi	[saʧ spræjı]
deodorant	deodorant	[dæodorant]

cream	krem	[kræm]
face cream	yüz kremi	[juz kræmi]
hand cream	el kremi	[æʎ kræmi]
anti-wrinkle cream	kırışıklık giderici krem	[kırıʃıklık gidæridʒi kræm]
day (as adj)	günlük	[gynlyk]
night (as adj)	gece	[gædʒæ]

tampon	tampon	[tampon]
toilet paper	tuvalet kağıdı	[tuvalæt kaıdı]
hair dryer	saç kurutma makinesi	[saʧ kurutma makinæsi]

40. Watches. Clocks

watch (wristwatch)	el saati	[æʎ sa:ti]
dial	kadran	[kadran]
hand (of clock, watch)	akrep, yelkovan	[akræp], [jælkovan]
metal watch band	metal kordon	[metaʎ kordon]
watch strap	kayış	[kajıʃ]

battery	pil	[piʎ]
to be dead (battery)	bitmek	[bitmæk]
to change a battery	pil değiştirmek	[piʎ dæiʃtirmæk]
to run fast	ileri gitmek	[ilæri gitmæk]
to run slow	geride kalmak	[gæridæ kalmak]

wall clock	duvar saati	[duvar sa:ti]
hourglass	kum saati	[kum sa:ti]
sundial	güneş saati	[gynæʃ sa:ti]
alarm clock	çalar saat	[ʧalar sa:t]
watchmaker	saatçi	[sa:tʃi]
to repair (vt)	tamir etmek	[tamir ætmæk]

T&P BOOKS

EVERYDAY EXPERIENCE

T&P Books Publishing

41. Money

money	para	[para]
currency exchange	kambiyo	[kambijo]
exchange rate	kur	[kur]
ATM	bankamatik	[baŋkamatik]
coin	para	[para]

dollar	dolar	[dolar]
euro	Euro	[juro]

lira	liret	[liræt]
Deutschmark	Alman markı	[alman markı]
franc	frank	[fraŋk]
pound sterling	İngiliz sterlini	[iŋiliz stærlini]
yen	yen	[jæn]

debt	borç	[bortʃ]
debtor	borçlu	[bortʃlu]
to lend (money)	borç vermek	[bortʃ værmæk]
to borrow (vi, vt)	borç almak	[bortʃ almak]

bank	banka	[baŋka]
account	hesap	[hæsap]
to deposit into the account	para yatırmak	[para jatırmak]
to withdraw (vt)	hesaptan çekmek	[hæsaptan tʃækmæk]

credit card	kredi kartı	[krædi kartı]
cash	nakit para	[nakit para]
check	çek	[tʃæk]
to write a check	çek yazmak	[tʃæk jazmak]
checkbook	çek defteri	[tʃæk dæftæri]

wallet	cüzdan	[dʒyzdan]
change purse	para cüzdanı	[para dʒyzdanı]
billfold	cüzdan	[dʒyzdan]
safe	para kasası	[para kasası]

heir	mirasçı	[mirastʃı]
inheritance	miras	[miras]
fortune (wealth)	varlık	[varlık]

lease	kira	[kira]
rent (money)	ev kirası	[æv kirası]
to rent (sth from sb)	kiralamak	[kiralamak]
price	fiyat	[fijat]

| cost | maliyet | [malijæt] |
| sum | toplam | [toplam] |

to spend (vt)	harcamak	[hardʒamak]
expenses	masraflar	[masraflar]
to economize (vi, vt)	idareli kullanmak	[idaræli kullanmak]
economical	tutumlu	[tutumlu]

to pay (vi, vt)	ödemek	[ødæmæk]
payment	ödeme	[ødæmæ]
change (give the ~)	para üstü	[para justy]

tax	vergi	[værgi]
fine	ceza	[dʒæza]
to fine (vt)	ceza kesmek	[dʒæza kæsmæk]

42. Post. Postal service

post office	postane	[postanæ]
mail (letters, etc.)	posta	[posta]
mailman	postacı	[postadʒɪ]
opening hours	çalışma saatleri	[tʃalɪʃma saːtlæri]

letter	mektup	[mæktup]
registered letter	taahhütlü mektup	[taːhytly mæktup]
postcard	kart	[kart]
telegram	telgraf	[tælgraf]
package (parcel)	koli	[koli]
money transfer	para havalesi	[para havalæsi]

to receive (vt)	almak	[almak]
to send (vt)	göndermek	[gøndærmæk]
sending	gönderme	[gøndærmæ]

address	adres	[adræs]
ZIP code	endeks, indeks	[ændæks], [indæks]
sender	gönderen	[gøndæræn]
receiver	alıcı	[alɪdʒɪ]

| name (first name) | ad, isim | [ad], [isim] |
| surname (last name) | soyadı | [sojadɪ] |

postage rate	tarife	[tarifæ]
standard (adj)	normal	[normaʎ]
economical (adj)	ekonomik	[ækonomik]

weight	ağırlık	[aɪrlɪk]
to weigh (~ letters)	tartmak	[tartmak]
envelope	zarf	[zarf]
postage stamp	pul	[pul]

43. Banking

bank	banka	[baŋka]
branch (of bank, etc.)	banka şubesi	[baŋka ʃubæsı]
bank clerk, consultant	danışman	[danıʃman]
manager (director)	yönetici	[jonætidʒi]
bank account	hesap	[hæsap]
account number	hesap numarası	[hæsap numarası]
checking account	çek hesabı	[tʃæk hæsabı]
savings account	mevduat hesabı	[mævduat hæsabı]
to open an account	hesap açmak	[hæsap atʃmak]
to close the account	hesap kapatmak	[hæsap kapatmak]
to deposit into the account	para yatırmak	[para jatırmak]
to withdraw (vt)	hesaptan çekmek	[hæsaptan tʃækmæk]
deposit	mevduat	[mævduat]
to make a deposit	depozito vermek	[dæpozito værmæk]
wire transfer	havale	[havalæ]
to wire, to transfer	havale etmek	[havalæ ætmæk]
sum	toplam	[toplam]
How much?	Kaç?	[katʃ]
signature	imza	[imza]
to sign (vt)	imzalamak	[imzalamak]
credit card	kredi kartı	[krædi kartı]
code (PIN code)	kod	[kod]
credit card number	kredi kartı numarası	[krædi kartı numarası]
ATM	bankamatik	[baŋkamatik]
check	çek	[tʃæk]
to write a check	çek yazmak	[tʃæk jazmak]
checkbook	çek defteri	[tʃæk dæftæri]
loan (bank ~)	kredi	[krædi]
to apply for a loan	krediye başvurmak	[krædijæ baʃvurmak]
to get a loan	kredi almak	[krædi almak]
to give a loan	kredi vermek	[krædi værmæk]
guarantee	garanti	[garanti]

44. Telephone. Phone conversation

telephone	telefon	[tælæfon]
mobile phone	cep telefonu	[dʒæp tælæfonu]
answering machine	telesekreter	[tælæsækrætær]

| to call (by phone) | telefonla aramak | [tælæfonla aramak] |
| phone call | arama, görüşme | [arama], [gøryʃmæ] |

to dial a number	numarayı aramak	[numarajı aramak]
Hello!	Alo!	[alø]
to ask (vt)	sormak	[sormak]
to answer (vi, vt)	cevap vermek	[dʒævap værmæk]

to hear (vt)	duymak	[dujmak]
well (adv)	iyi	[ijı]
not well (adv)	kötü	[køty]
noises (interference)	parazit	[parazit]

receiver	telefon ahizesi	[tælæfon ahizæsi]
to pick up (~ the phone)	açmak telefonu	[atʃmak tælæfonu]
to hang up (~ the phone)	telefonu kapatmak	[tælæfonu kapatmak]

busy (adj)	meşgul	[mæʃguʎ]
to ring (ab. phone)	çalmak	[tʃalmak]
telephone book	telefon rehberi	[tælæfon ræhbæri]

local (adj)	şehiriçi	[ʃæhiritʃi]
local call	şehiriçi görüşme	[ʃæhiritʃi gøryʃmæ]
long distance (~ call)	şehirlerarası	[ʃæhirlerarası]
long-distance call	şehirlerarası görüşme	[ʃæhirlerarası gøryʃmæ]
international (adj)	uluslararası	[uluslar arası]
international call	uluslararası görüşme	[uluslararası gøryʃmæ]

45. Mobile telephone

mobile phone	cep telefonu	[dʒæp tælæfonu]
display	ekran	[ækran]
button	düğme	[dyjmæ]
SIM card	SIM kartı	[simkartı]

battery	pil	[piʎ]
to be dead (battery)	bitmek	[bitmæk]
charger	şarj cihazı	[ʃarʒ dʒihazı]

menu	menü	[mæny]
settings	ayarlar	[ajarlar]
tune (melody)	melodi	[mælodi]
to select (vt)	seçmek	[sætʃmæk]

calculator	hesaplamalar	[hæsaplamanar]
voice mail	telesekreter	[tælæsækrætær]
alarm clock	çalar saat	[tʃalar sa:t]
contacts	rehber	[ræhbær]
SMS (text message)	SMS mesajı	[æsæmæs mæsaʒi]
subscriber	abone	[abonæ]

46. Stationery

| ballpoint pen | tükenmez kalem | [tykænmæz kalæm] |
| fountain pen | dolma kalem | [dolma kalæm] |

pencil	kurşun kalem	[kurʃun kalæm]
highlighter	fosforlu kalem	[fosforlu kalæm]
felt-tip pen	keçeli kalem	[kætʃæli kalæm]

| notepad | not defteri | [not dæftæri] |
| agenda (diary) | ajanda | [aʒanda] |

ruler	cetvel	[dʒætvæʎ]
calculator	hesap makinesi	[hæsap makinæsi]
eraser	silgi	[siʎgi]
thumbtack	raptiye	[raptijæ]
paper clip	ataş	[ataʃ]

glue	yapıştırıcı	[japıʃtırıdʒı]
stapler	zımba	[zımba]
hole punch	delgeç	[dæʎgætʃ]
pencil sharpener	kalemtıraş	[kalæm tıraʃ]

47. Foreign languages

language	dil	[diʎ]
foreign language	yabancı dil	[jabandʒı diʎ]
to study (vt)	öğrenim görmek	[øjrænim gørmæk]
to learn (language, etc.)	öğrenmek	[øjrænmæk]

to read (vi, vt)	okumak	[okumak]
to speak (vi, vt)	konuşmak	[konuʃmak]
to understand (vt)	anlamak	[anlamak]
to write (vt)	yazmak	[jazmak]

fast (adv)	çabuk	[tʃabuk]
slowly (adv)	yavaş	[javaʃ]
fluently (adv)	akıcı bir şekilde	[akıdʒı bir ʃækiʎdæ]

rules	kurallar	[kurallar]
grammar	gramer	[gramær]
vocabulary	kelime hazinesi	[kælimæ hazinæsi]
phonetics	fonetik	[fonætik]

textbook	ders kitabı	[dærs kitabı]
dictionary	sözlük	[søzlyk]
teach-yourself book	öz eğitim rehberi	[øz æitim ræhbæri]
phrasebook	konuşma kılavuzu	[konuʃma kılavuzu]
cassette	kaset	[kasæt]

videotape	videokaset	[vidæokasæt]
CD, compact disc	CD	[sidi]
DVD	DVD	[dividi]

alphabet	alfabe	[aʎfabæ]
to spell (vt)	hecelemek	[hædʒælæmæk]
pronunciation	telaffuz	[tælaffyz]

accent	aksan	[aksan]
with an accent	aksan ile	[aksan ilæ]
without an accent	aksansız	[aksansız]

| word | kelime | [kælimæ] |
| meaning | mana | [mana] |

course (e.g., a French ~)	kurslar	[kurslar]
to sign up	yazılmak	[jazılmak]
teacher	öğretmen	[øjrætmæn]

translation (process)	çeviri	[ʧæviri]
translation (text, etc.)	tercüme	[tærdʒymæ]
translator	çevirmen	[ʧævirmæn]
interpreter	tercüman	[tærdʒyman]

| polyglot | birçok dil bilen | [birʧok diʎ bilæn] |
| memory | hafıza | [hafıza] |

MEALS. RESTAURANT

T&P Books Publishing

48. Table setting

spoon	kaşık	[kaʃık]
knife	bıçak	[bɪtʃak]
fork	çatal	[tʃatal]
cup (e.g., coffee ~)	fincan	[findʒan]
plate (dinner ~)	tabak	[tabak]
saucer	fincan tabağı	[findʒan tabaı]
napkin (on table)	peçete	[pætʃætæ]
toothpick	kürdan	[kyrdan]

49. Restaurant

restaurant	restoran	[ræstoran]
coffee house	kahvehane	[kahvæhanæ]
pub, bar	bar	[bar]
tearoom	çay salonu	[tʃaj salonu]

waiter	garson	[garson]
waitress	kadın garson	[kadın garson]
bartender	barmen	[barmæn]
menu	menü	[mæny]
wine list	şarap listesi	[ʃarap listæsi]
to book a table	masa ayırtmak	[masa ajırtmak]

course, dish	yemek	[jæmæk]
to order (meal)	sipariş etmek	[sipariʃ ætmæk]
to make an order	sipariş vermek	[sipariʃ værmæk]

aperitif	aperatif	[apæratif]
appetizer	çerez	[tʃæræz]
dessert	tatlı	[tatlı]

check	hesap	[hæsap]
to pay the check	hesabı ödemek	[hæsabı ødæmæk]
to give change	para üstü vermek	[para justy værmæk]
tip	bahşiş	[bahʃiʃ]

50. Meals

food	yemek	[jæmæk]
to eat (vi, vt)	yemek	[jæmæk]

breakfast	kahvaltı	[kahvaltı]
to have breakfast	kahvaltı yapmak	[kahvaltı japmak]
lunch	öğle yemeği	[øjlæ jæmæi]
to have lunch	öğle yemeği yemek	[øjlæ jæmæi jæmæk]
dinner	akşam yemeği	[akʃam jæmæi]
to have dinner	akşam yemeği yemek	[akʃam jæmæi jæmæk]

appetite	iştah	[iʃtah]
Enjoy your meal!	Afiyet olsun!	[afijæt olsun]

to open (~ a bottle)	açmak	[atʃmak]
to spill (liquid)	dökmek	[døkmæk]
to spill out (vi)	dökülmek	[døkyʎmæk]

to boil (vi)	kaynamak	[kajnamak]
to boil (vt)	kaynatmak	[kajnatmak]
boiled (~ water)	kaynamış	[kajnamıʃ]
to chill, cool down (vt)	serinletmek	[særinlætmæk]
to chill (vi)	serinleşmek	[særinlæʃmæk]

taste, flavor	tat	[tat]
aftertaste	ağızda kalan tat	[aızda kalan tat]

to slim down (lose weight)	zayıflamak	[zajıflamak]
diet	rejim, diyet	[ræʒim], [dijæt]
vitamin	vitamin	[vitamin]
calorie	kalori	[kalori]
vegetarian (n)	vejetaryen kimse	[væʤætariæn kimsæ]
vegetarian (adj)	vejetaryen	[væʤætariæn]

fats (nutrient)	yağlar	[ja:lar]
proteins	proteinler	[protæinlær]
carbohydrates	karbonhidratlar	[karbonhidratlar]
slice (of lemon, ham)	dilim	[dilim]
piece (of cake, pie)	parça	[partʃa]
crumb	kırıntı	[kırıntı]
(of bread, cake, etc.)		

51. Cooked dishes

course, dish	yemek	[jæmæk]
cuisine	mutfak	[mutfak]
recipe	yemek tarifi	[jæmæk tarifı]
portion	porsiyon	[porsijon]

salad	salata	[salata]
soup	çorba	[tʃorba]

clear soup (broth)	et suyu	[æt suju]
sandwich (bread)	sandviç	[sandvitʃ]

fried eggs	sahanda yumurta	[sahanda jumurta]
fried meatballs	köfte	[køftæ]
hamburger (beefburger)	hamburger	[hamburgær]
beefsteak	biftek	[biftæk]
stew	et kızartması, rosto	[æt kızartması], [rosto]

side dish	garnitür	[garnityr]
spaghetti	spagetti	[spagætti]
mashed potatoes	patates püresi	[patatæs pyræsi]
pizza	pizza	[pizza]
porridge (oatmeal, etc.)	lâpa	[ʎapa]
omelet	omlet	[omlæt]

boiled (e.g., ~ beef)	pişmiş	[piʃmiʃ]
smoked (adj)	tütsülenmiş, füme	[tytsylænmiʃ], [fymæ]
fried (adj)	kızartılmış	[kızartılmıʃ]
dried (adj)	kuru	[kuru]
frozen (adj)	dondurulmuş	[dondurulmuʃ]
pickled (adj)	turşu	[turʃu]

sweet (sugary)	tatlı	[tatlı]
salty (adj)	tuzlu	[tuzlu]
cold (adj)	soğuk	[souk]
hot (adj)	sıcak	[sıdʒak]
bitter (adj)	acı	[adʒı]
tasty (adj)	tatlı, lezzetli	[tatlı], [læzzætlı]

to cook in boiling water	kaynatmak	[kajnatmak]
to cook (dinner)	pişirmek	[piʃirmæk]
to fry (vt)	kızartmak	[kızartmak]
to heat up (food)	ısıtmak	[ısıtmak]

to salt (vt)	tuzlamak	[tuzlamak]
to pepper (vt)	biberlemek	[bibærlæmæk]
to grate (vt)	rendelemek	[rændælæmæk]
peel (n)	kabuk	[kabuk]
to peel (vt)	soymak	[sojmak]

52. Food

meat	et	[æt]
chicken	tavuk eti	[tavuk æti]
Rock Cornish hen (poussin)	civciv	[dʒiv dʒiv]
duck	ördek	[ørdæk]
goose	kaz	[kaz]
game	av hayvanları	[av hajvanları]
turkey	hindi	[hindi]
pork	domuz eti	[domuz æti]
veal	dana eti	[dana æti]

lamb	koyun eti	[kojun æti]
beef	sığır eti	[sɪːr æti]
rabbit	tavşan eti	[tavʃan æti]

sausage (bologna, pepperoni, etc.)	sucuk, sosis	[sudʒuk], [sosis]
vienna sausage (frankfurter)	sosis	[sosis]
bacon	domuz pastırması	[domuz pastırması]
ham	jambon	[ʒambon]
gammon	tütsülenmiş jambon	[tyʦylænmiʃ ʒambon]

pâté	ezme	[æzmæ]
liver	karaciğer	[karadʒiær]
lard	yağ	[jaː]
hamburger (ground beef)	kıyma	[kɪjma]
tongue	dil	[diʎ]

egg	yumurta	[jumurta]
eggs	yumurtalar	[jumurtalar]
egg white	yumurta akı	[jumurta akı]
egg yolk	yumurta sarısı	[jumurta sarısı]

fish	balık	[balık]
seafood	deniz ürünleri	[dæniz jurynlæri]
caviar	havyar	[havjar]

crab	yengeç	[jæŋæʧ]
shrimp	karides	[karidæs]
oyster	istiridye	[istiridʲæ]
spiny lobster	langust	[laŋust]
octopus	ahtapot	[ahtapot]
squid	kalamar	[kalamar]

sturgeon	mersin balığı	[mærsin balıː]
salmon	som balığı	[som balıː]
halibut	pisi balığı	[pisi balıː]

cod	morina balığı	[morina balıː]
mackerel	uskumru	[uskumru]
tuna	ton balığı	[ton balıː]
eel	yılan balığı	[jılan balıː]

trout	alabalık	[alabalık]
sardine	sardalye	[sardaʎæ]
pike	turna balığı	[turna balıː]
herring	ringa	[riŋa]

bread	ekmek	[ækmæk]
cheese	peynir	[pæjnir]
sugar	şeker	[ʃækær]
salt	tuz	[tuz]

rice	pirinç	[pirintʃ]
pasta	makarna	[makarna]
noodles	erişte	[æriʃtæ]

butter	tereyağı	[tæræjaɪ]
vegetable oil	bitkisel yağ	[bitkisæʌ ja:]
sunflower oil	ayçiçeği yağı	[ajtʃitʃæɪ jaɪ]
margarine	margarin	[margarin]

| olives | zeytin | [zæjtin] |
| olive oil | zeytin yağı | [zæjtin jaɪ] |

milk	süt	[syt]
condensed milk	yoğunlaştırılmış süt	[jounlaʃtɪrɪlmɪʃ syt]
yogurt	yoğurt	[jourt]
sour cream	ekşi krema	[ækʃi kræma]
cream (of milk)	süt kaymağı	[syt kajmaɪ]

| mayonnaise | mayonez | [majonæz] |
| buttercream | krema | [kræma] |

cereal grains (wheat, etc.)	tane	[tanæ]
flour	un	[un]
canned food	konserve	[konsærvæ]

cornflakes	mısır gevreği	[mɪsɪr gævræi]
honey	bal	[bal]
jam	reçel, marmelat	[rætʃæʌ], [marmælat]
chewing gum	sakız, çiklet	[sakɪz], [tʃiklæt]

53. Drinks

water	su	[su]
drinking water	içme suyu	[itʃmæ suju]
mineral water	maden suyu	[madæn suju]

still (adj)	gazsız	[gazsɪz]
carbonated (adj)	gazlı	[gazlɪ]
sparkling (adj)	maden	[madæn]
ice	buz	[buz]
with ice	buzlu	[buzlu]

non-alcoholic (adj)	alkolsüz	[alkoʌsyz]
soft drink	alkolsüz içki	[alkoʌsyz itʃki]
refreshing drink	soğuk meşrubat	[sojuk mæʃrubat]
lemonade	limonata	[limonata]

liquors	alkollü içkiler	[alkolly itʃkilær]
wine	şarap	[ʃarap]
white wine	beyaz şarap	[bæjaz ʃarap]

red wine	kırmızı şarap	[kırmızı ʃarap]
liqueur	likör	[likør]
champagne	şampanya	[ʃampaɲja]
vermouth	vermut	[værmut]

whisky	viski	[viski]
vodka	votka	[votka]
gin	cin	[dʒin]
cognac	konyak	[koɲjak]
rum	rom	[rom]

coffee	kahve	[kahvæ]
black coffee	siyah kahve	[sijah kahvæ]
coffee with milk	sütlü kahve	[sytly kahvæ]
cappuccino	kaymaklı kahve	[kajmaklı kahvæ]
instant coffee	hazır kahve	[hazır kahvæ]

milk	süt	[syt]
cocktail	kokteyl	[koktæjʎ]
milkshake	sütlü kokteyl	[sytly koktæjʎ]

juice	meyve suyu	[mæjvæ suju]
tomato juice	domates suyu	[domatæs suju]
orange juice	portakal suyu	[portakal suju]
freshly squeezed juice	taze meyve suyu	[tazæ mæjvæ suju]

beer	bira	[bira]
light beer	hafif bira	[hafif bira]
dark beer	siyah bira	[sijah bira]

tea	çay	[ʧaj]
black tea	siyah çay	[sijah ʧaj]
green tea	yeşil çay	[jæʃiʎ ʧaj]

54. Vegetables

| vegetables | sebze | [sæbzæ] |
| greens | yeşillik | [jæʃiʎik] |

tomato	domates	[domatæs]
cucumber	salatalık	[salatalık]
carrot	havuç	[havuʧ]
potato	patates	[patatæs]
onion	soğan	[soan]
garlic	sarımsak	[sarımsak]

cabbage	lahana	[ʎahana]
cauliflower	karnabahar	[karnabahar]
Brussels sprouts	Brüksel lâhanası	[bryksæʎ ʎahanası]
broccoli	brokoli	[brokoli]

beetroot	**pancar**	[pandʒar]
eggplant	**patlıcan**	[patlıdʒan]
zucchini	**sakız kabağı**	[sakız kabaı]
pumpkin	**kabak**	[kabak]
turnip	**şalgam**	[ʃalgam]

parsley	**maydanoz**	[majdanoz]
dill	**dereotu**	[dæræotu]
lettuce	**yeşil salata**	[jæʃiʎ salata]
celery	**kereviz**	[kæræviz]
asparagus	**kuşkonmaz**	[kuʃkonmaz]
spinach	**ıspanak**	[ıspanak]

pea	**bezelye**	[bæzæʎ'æ]
beans	**bakla**	[bakla]
corn (maize)	**mısır**	[mısır]
kidney bean	**fasulye**	[fasuʎ'æ]

bell pepper	**dolma biber**	[dolma bibær]
radish	**turp**	[turp]
artichoke	**enginar**	[æɲinar]

55. Fruits. Nuts

fruit	**meyve**	[mæjvæ]
apple	**elma**	[æʎma]
pear	**armut**	[armut]
lemon	**limon**	[limon]
orange	**portakal**	[portakal]
strawberry	**çilek**	[tʃilæk]

mandarin	**mandalina**	[mandalina]
plum	**erik**	[ærik]
peach	**şeftali**	[ʃæftali]
apricot	**kayısı**	[kajısı]
raspberry	**ahududu**	[ahududu]
pineapple	**ananas**	[ananas]

banana	**muz**	[muz]
watermelon	**karpuz**	[karpuz]
grape	**üzüm**	[juzym]
sour cherry	**vişne**	[viʃnæ]
sweet cherry	**kiraz**	[kiraz]
melon	**kavun**	[kavun]

grapefruit	**greypfrut**	[græjpfrut]
avocado	**avokado**	[avokado]
papaya	**papaya**	[papaja]
mango	**mango**	[maɲo]
pomegranate	**nar**	[nar]

redcurrant	kırmızı frenk üzümü	[kırmızı fræŋk juzymy]
blackcurrant	siyah frenk üzümü	[sijah fræŋk juzymy]
gooseberry	bektaşı üzümü	[bæktaʃı juzymy]
bilberry	yaban mersini	[jaban mærsini]
blackberry	böğürtlen	[bøjurtlæn]

raisin	kuru üzüm	[kuru juzym]
fig	incir	[indʒir]
date	hurma	[hurma]

peanut	yerfıstığı	[jærfıstı:]
almond	badem	[badæm]
walnut	ceviz	[dʒæviz]
hazelnut	fındık	[fındık]
coconut	Hindistan cevizi	[hindistan dʒævizi]
pistachios	çam fıstığı	[ʧam fıstı:]

56. Bread. Candy

bakers' confectionery (pastry)	şekerleme	[ʃækærlæmæ]
bread	ekmek	[ækmæk]
cookies	bisküvi	[biskyvi]

chocolate (n)	çikolata	[ʧikolata]
chocolate (as adj)	çikolatalı	[ʧikolatalı]
candy	şeker	[ʃækær]
cake (e.g., cupcake)	ufak kek	[ufak kæk]
cake (e.g., birthday ~)	kek, pasta	[kæk], [pasta]

| pie (e.g., apple ~) | börek | [børæk] |
| filling (for cake, pie) | iç | [iʧ] |

whole fruit jam	reçel	[ræʧæʎ]
marmalade	marmelat	[marmælat]
waffles	gofret	[gofræt]
ice-cream	dondurma	[dondurma]

57. Spices

salt	tuz	[tuz]
salty (adj)	tuzlu	[tuzlu]
to salt (vt)	tuzlamak	[tuzlamak]

black pepper	siyah biber	[sijah bibær]
red pepper (milled ~)	kırmızı biber	[kırmızı bibær]
mustard	hardal	[hardal]
horseradish	bayırturpu	[bajırturpu]

condiment	çeşni	[ʧæʃni]
spice	baharat	[baharat]
sauce	salça, sos	[salʧa], [sos]
vinegar	sirke	[sirkæ]

anise	anason	[anason]
basil	fesleğen	[fæslæːn]
cloves	karanfil	[karanfiʎ]
ginger	zencefil	[zænʤæfiʎ]
coriander	kişniş	[kiʃniʃ]
cinnamon	tarçın	[tarʧɪn]

sesame	susam	[susam]
bay leaf	defne yaprağı	[dæfnæ japraɪ]
paprika	kırmızıbiber	[kɪrmɪzɪ bibær]
caraway	çörek otu	[ʧøræk otu]
saffron	safran	[safran]

T&P BOOKS

PERSONAL
INFORMATION. FAMILY

T&P Books Publishing

58. Personal information. Forms

name (first name)	**ad, isim**	[ad], [isim]
surname (last name)	**soyadı**	[sojadı]
date of birth	**doğum tarihi**	[doum tarihi]
place of birth	**doğum yeri**	[doum jæri]

nationality	**milliyet**	[millijæt]
place of residence	**ikamet yeri**	[ikamæt jæri]
country	**ülke**	[juʌkæ]
profession (occupation)	**meslek**	[mæslæk]

gender, sex	**cinsiyet**	[ʤinsijæt]
height	**boy**	[boj]
weight	**ağırlık**	[aırlık]

59. Family members. Relatives

mother	**anne**	[aŋæ]
father	**baba**	[baba]
son	**oğul**	[øul]
daughter	**kız**	[kız]

younger daughter	**küçük kız**	[kyʧuk kız]
younger son	**küçük oğul**	[kyʧuk oul]
eldest daughter	**büyük kız**	[byjuk kız]
eldest son	**büyük oğul**	[byjuk oul]

brother	**kardeş**	[kardæʃ]
sister	**abla**	[abla]

cousin (masc.)	**erkek kuzen**	[ærkæk kuzæn]
cousin (fem.)	**kız kuzen**	[kız kuzæn]
mom, mommy	**anne**	[aŋæ]
dad, daddy	**baba**	[baba]
parents	**ana baba**	[ana baba]
child	**çocuk**	[ʧoʤuk]
children	**çocuklar**	[ʧoʤuklar]

grandmother	**büyük anne**	[byjuk aŋæ]
grandfather	**büyük baba**	[byjuk baba]
grandson	**erkek torun**	[ærkæk torun]
granddaughter	**kız torun**	[kız torun]
grandchildren	**torunlar**	[torunlar]

uncle	**amca, dayı**	[amdʒa], [daiː]
aunt	**teyze, hala**	[tæjzæ], [hala]
nephew	**erkek yeğen**	[ærkæk jæːn]
niece	**kız yeğen**	[kɪz jæːn]

mother-in-law (wife's mother)	**kaynana**	[kajnana]
father-in-law (husband's father)	**kaynata**	[kajnata]
son-in-law (daughter's husband)	**güvey**	[gyvæj]
stepmother	**üvey anne**	[juvæj aŋæ]
stepfather	**üvey baba**	[juvæj baba]

infant	**süt çocuğu**	[syt tʃodʒuː]
baby (infant)	**bebek**	[bæbæk]
little boy, kid	**erkek çocuk**	[ærkæk tʃodʒuk]

wife	**hanım, eş**	[hanɪm], [æʃ]
husband	**eş, koca**	[æʃ], [kodʒa]
spouse (husband)	**koca**	[kodʒa]
spouse (wife)	**karı**	[karɪ]

married (masc.)	**evli**	[ævli]
married (fem.)	**evli**	[ævli]
single (unmarried)	**bekâr**	[bækʲar]
bachelor	**bekâr**	[bækʲar]
divorced (masc.)	**boşanmış**	[boʃanmɪʃ]
widow	**dul kadın**	[dul kadɪn]
widower	**dul erkek**	[dul ærkæk]

relative	**akraba**	[akraba]
close relative	**yakın akraba**	[jakɪn akraba]
distant relative	**uzak akraba**	[uzak akraba]
relatives	**akrabalar**	[akrabalar]

orphan (boy or girl)	**yetim**	[jætim]
guardian (of minor)	**vasi**	[vasi]
to adopt (a boy)	**evlatlık almak**	[ævlatlɪk almak]
to adopt (a girl)	**evlatlık almak**	[ævlatlɪk almak]

60. Friends. Coworkers

friend (masc.)	**dost, arkadaş**	[dost], [arkadaʃ]
friend (fem.)	**kız arkadaş**	[kɪz arkadaʃ]
friendship	**dostluk**	[dostluk]
to be friends	**arkadaş olmak**	[arkadaʃ olmak]

buddy (masc.)	**arkadaş**	[arkadaʃ]
buddy (fem.)	**kız arkadaş**	[kɪz arkadaʃ]

partner	ortak	[ortak]
chief (boss)	şef	[ʃæf]
superior (n)	amir	[amir]
subordinate (n)	ast	[ast]
colleague	meslektaş	[mæslæktaʃ]

acquaintance (person)	tanıdık	[tanıdık]
fellow traveler	yol arkadaşı	[jol arkadaʃı]
classmate	sınıf arkadaşı	[sınıf arkadaʃı]

neighbor (masc.)	komşu	[komʃu]
neighbor (fem.)	komşu	[komʃu]
neighbors	komşular	[komʃular]

HUMAN BODY.
MEDICINE

T&P Books Publishing

head	**baş**	[baʃ]
face	**yüz**	[juz]
nose	**burun**	[burun]
mouth	**ağız**	[aız]

eye	**göz**	[gøz]
eyes	**gözler**	[gøzlær]
pupil	**gözbebeği**	[gøz bæbæı]
eyebrow	**kaş**	[kaʃ]
eyelash	**kirpik**	[kirpik]
eyelid	**göz kapağı**	[gøz kapaı]

tongue	**dil**	[diʎ]
tooth	**diş**	[diʃ]
lips	**dudaklar**	[dudaklar]
cheekbones	**elmacık kemiği**	[ælmadʒik kæmiı]
gum	**dişeti**	[diʃæti]
palate	**damak**	[damak]

nostrils	**burun deliği**	[burun dæliı]
chin	**çene**	[ʧænæ]
jaw	**çene**	[ʧænæ]
cheek	**yanak**	[janak]

forehead	**alın**	[alın]
temple	**şakak**	[ʃakak]
ear	**kulak**	[kulak]
back of the head	**ense**	[ænsæ]
neck	**boyun**	[bojun]
throat	**boğaz**	[boaz]

hair	**saçlar**	[saʧlar]
hairstyle	**saç**	[saʧ]
haircut	**saç biçimi**	[saʧ biʧimi]
wig	**peruk**	[pæryk]

mustache	**bıyık**	[bıjık]
beard	**sakal**	[sakal]
to have (a beard, etc.)	**uzatmak, bırakmak**	[uzatmak], [bırakmak]
braid	**saç örgüsü**	[saʧ ørgysy]
sideburns	**favori**	[favori]

red-haired (adj)	**kızıl saçlı**	[kızıl saʧlı]
gray (hair)	**kır**	[kır]

| bald (adj) | kel | [kæʌ] |
| bald patch | dazlak yer | [dazlak jær] |

| ponytail | kuyruk | [kujruk] |
| bangs | kakül | [kakyʌ] |

62. Human body

| hand | el | [æʌ] |
| arm | kol | [kol] |

| finger | parmak | [parmak] |
| thumb | başparmak | [baʃ parmak] |

| little finger | küçük parmak | [kytʃuk parmak] |
| nail | tırnak | [tɪrnak] |

fist	yumruk	[jumruk]
palm	avuç	[avutʃ]
wrist	bilek	[bilæk]
forearm	önkol	[øŋkol]

| elbow | dirsek | [dirsæk] |
| shoulder | omuz | [omuz] |

leg	bacak	[badʒak]
foot	ayak	[ajak]
knee	diz	[diz]
calf (part of leg)	baldır	[baldɪr]

| hip | kalça | [kaltʃa] |
| heel | topuk | [topuk] |

body	vücut	[vydʒut]
stomach	karın	[karɪn]
chest	göğüs	[gøjus]
breast	göğüs	[gøjus]
flank	yan	[jan]
back	sırt	[sɪrt]

| lower back | alt bel | [alt bæʌ] |
| waist | bel | [bæʌ] |

navel (belly button)	göbek	[gøbæk]
buttocks	kaba et	[kaba æt]
bottom	kıç	[kɪtʃ]

beauty mark	ben	[bæn]
tattoo	dövme	[døvmæ]
scar	yara izi	[jara izi]

63. Diseases

sickness	hastalık	[hastalık]
to be sick	hasta olmak	[hasta olmak]
health	sağlık	[sa:lık]

runny nose (coryza)	nezle	[næzlæ]
tonsillitis	anjin	[anʒin]
cold (illness)	soğuk algınlığı	[souk algınlı:]
to catch a cold	soğuk almak	[souk almak]

bronchitis	bronşit	[bronʃit]
pneumonia	zatürree	[zatyræ]
flu, influenza	grip	[grip]

nearsighted (adj)	miyop	[mijop]
farsighted (adj)	hipermetrop	[hipærmætrop]
strabismus (crossed eyes)	şaşılık	[ʃaʃılık]
cross-eyed (adj)	şaşı	[ʃaʃı]
cataract	katarakt	[katarakt]
glaucoma	glokoma	[glokoma]

stroke	felç	[fæʌtʃ]
heart attack	enfarktüs	[ænfarktys]
myocardial infarction	kalp krizi	[kaʌp krizi]
paralysis	felç	[fæʌtʃ]
to paralyze (vt)	felç olmak	[fæʌtʃ olmak]

allergy	alerji	[alærʒi]
asthma	astım	[astım]
diabetes	diyabet	[diabæt]

| toothache | diş ağrısı | [diʃ a:rısı] |
| caries | diş çürümesi | [diʃ tʃurymæsi] |

diarrhea	ishal	[ishaʌ]
constipation	kabız	[kabız]
stomach upset	mide bozukluğu	[midæ bozuklu:]
food poisoning	zehirlenme	[zæhirlænmæ]
to get food poisoning	zehirlenmek	[zæhirlænmæk]

arthritis	artrit, arterit	[artrit]
rickets	raşitizm	[raʃitizm]
rheumatism	romatizma	[romatizma]
atherosclerosis	damar sertliği	[damar særtli:]

gastritis	gastrit	[gastrit]
appendicitis	apandisit	[apandisit]
ulcer	ülser	[juʌsær]
measles	kızamık	[kızamık]
rubella (German measles)	kızamıkçık	[kızamıktʃik]

jaundice	sarılık	[sarılık]
hepatitis	hepatit	[hæpatit]

schizophrenia	şizofreni	[ʃizofræni]
rabies (hydrophobia)	kuduz hastalığı	[kuduz hastalı:]
neurosis	nevroz	[nævroz]
concussion	beyin kanaması	[bæjın kanaması]

cancer	kanser	[kansær]
sclerosis	skleroz	[sklæroz]
multiple sclerosis	multipl skleroz	[muʌtipl sklæroz]

alcoholism	alkoliklik	[alkoliklik]
alcoholic (n)	alkolik	[alkolik]
syphilis	frengi	[fræŋi]
AIDS	AİDS	[æids]

tumor	tümör, ur	[tymør], [jur]
malignant (adj)	kötü huylu	[køty hujlu]
benign (adj)	iyi huylu	[ijı hujlu]

fever	sıtma	[sıtma]
malaria	malarya	[malarja]
gangrene	kangren	[kaŋræn]
seasickness	deniz tutması	[dæniz tutması]
epilepsy	epilepsi	[æpilæpsi]

epidemic	salgın	[salgın]
typhus	tifüs	[tifys]
tuberculosis	verem	[væræm]
cholera	kolera	[kolæra]
plague (bubonic ~)	veba	[væba]

64. Symptoms. Treatments. Part 1

symptom	belirti	[bælirti]
temperature	ateş	[atæʃ]
high temperature (fever)	yüksek ateş	[juksæk atæʃ]
pulse	nabız	[nabız]

dizziness (vertigo)	baş dönmesi	[baʃ dønmæsi]
hot (adj)	ateşli	[atæʃli]
shivering	üşüme	[juʃymæ]
pale (e.g., ~ face)	solgun	[solgun]

cough	öksürük	[øksyryk]
to cough (vi)	öksürmek	[øksyrmæk]
to sneeze (vi)	hapşırmak	[hapʃırmak]
faint	baygınlık	[bajgınlık]
to faint (vi)	bayılmak	[bajılmak]

bruise (hématome)	çürük	[ʧuryk]
bump (lump)	şişlik	[ʃiʃlik]
to bang (bump)	çarpmak	[ʧarpmak]
contusion (bruise)	yara	[jara]
to get a bruise	yaralamak	[jaralamak]

to limp (vi)	topallamak	[topallamak]
dislocation	çıkık	[ʧıkık]
to dislocate (vt)	çıkmak	[ʧıkmak]
fracture	kırık, fraktür	[kirik], [fraktyr]
to have a fracture	kırılmak	[kırılmak]

cut (e.g., paper ~)	kesik	[kæsik]
to cut oneself	bir yerini kesmek	[bir jærini kæsmæk]
bleeding	kanama	[kanama]

burn (injury)	yanık	[janık]
to get burned	yanmak	[janmak]

to prick (vt)	batırmak	[batırmak]
to prick oneself	batırmak	[batırmak]
to injure (vt)	yaralamak	[jaralamak]
injury	yara, zarar	[jara], [zarar]
wound	yara	[jara]
trauma	sarsıntı	[sarsıntı]

to be delirious	sayıklamak	[sajıklamak]
to stutter (vi)	kekelemek	[kækælæmæk]
sunstroke	güneş çarpması	[gynæʃ ʧarpması]

65. Symptoms. Treatments. Part 2

pain	acı	[aʤı]
splinter (in foot, etc.)	kıymık	[kıjmık]

sweat (perspiration)	ter	[tær]
to sweat (perspire)	terlemek	[tærlæmæk]
vomiting	kusma	[kusma]
convulsions	kramp	[kramp]

pregnant (adj)	hamile	[hamilæ]
to be born	doğmak	[do:mak]
delivery, labor	doğum	[doum]
to deliver (~ a baby)	doğurmak	[dourmak]
abortion	çocuk düşürme	[ʧoʤuk dyʃyrmæ]

breathing, respiration	respirasyon	[ræspirasion]
in-breath (inhalation)	soluk alma	[soluk alma]
out-breath (exhalation)	soluk verme	[soluk værmæ]
to exhale (breathe out)	soluk vermek	[soluk værmæk]

to inhale (vi)	bir soluk almak	[bir soluk almak]
disabled person	malul	[malyl]
cripple	sakat	[sakat]
drug addict	uyuşturucu bağımlısı	[ujuʃturudʒu baımlısı]

deaf (adj)	sağır	[saır]
mute (adj)	dilsiz	[diʎsiz]
deaf mute (adj)	sağır ve dilsiz	[saır væ diʎsiz]

mad, insane (adj)	deli	[dæli]
madman (demented person)	deli adam	[dæli adam]
madwoman	deli kadın	[dæli kadın]
to go insane	çıldırmak	[ʧıldırmak]

gene	gen	[gæn]
immunity	bağışıklık	[baıʃıklık]
hereditary (adj)	irsi, kalıtsal	[irsi], [kalıtsal]
congenital (adj)	doğuştan	[douʃtan]

virus	virüs	[virys]
microbe	mikrop	[mikrop]
bacterium	bakteri	[baktæri]
infection	enfeksiyon	[ænfæksijon]

66. Symptoms. Treatments. Part 3

hospital	hastane	[hastanæ]
patient	hasta	[hasta]

diagnosis	teşhis	[tæʃhis]
cure	çare	[ʧaræ]
medical treatment	tedavi	[tædavi]
to get treatment	tedavi görmek	[tædavi gørmæk]
to treat (~ a patient)	tedavi etmek	[tædavi ætmæk]
to nurse (look after)	hastaya bakmak	[hastaja bakmak]
care (nursing ~)	hasta bakımı	[hasta bakımı]

operation, surgery	ameliyat	[amælijat]
to bandage (head, limb)	pansuman yapmak	[pansuman japmak]
bandaging	pansuman	[pansuman]

vaccination	aşılama	[aʃılama]
to vaccinate (vt)	aşı yapmak	[aʃı japmak]
injection, shot	iğne	[i:næ]
to give an injection	iğne yapmak	[i:næ japmak]

amputation	ampütasyon	[ampytasʲon]
to amputate (vt)	ameliyatla almak	[amælijatla almak]
coma	koma	[koma]

to be in a coma	**komada olmak**	[komada olmak]
intensive care	**yoğun bakım**	[joun bakım]
to recover (~ from flu)	**iyileşmek**	[ijılæʃmæk]
condition (patient's ~)	**durum**	[durum]
consciousness	**bilinç**	[bilintʃ]
memory (faculty)	**hafıza**	[hafıza]
to pull out (tooth)	**çekmek**	[tʃækmæk]
filling	**dolgu**	[dolgu]
to fill (a tooth)	**dolgu yapmak**	[dolgu japmak]
hypnosis	**hipnoz**	[hipnoz]
to hypnotize (vt)	**hipnotize etmek**	[hipnotizæ ætmæk]

67. Medicine. Drugs. Accessories

medicine, drug	**ilaç**	[ilatʃ]
remedy	**deva**	[dæva]
to prescribe (vt)	**yazmak**	[jazmak]
prescription	**reçete**	[rætʃætæ]
tablet, pill	**hap**	[hap]
ointment	**merhem**	[mærhæm]
ampule	**ampul**	[ampuʎ]
mixture	**solüsyon**	[solysʲon]
syrup	**şurup**	[ʃurup]
pill	**kapsül**	[kapsyl]
powder	**toz**	[toz]
gauze bandage	**bandaj**	[bandaʒ]
cotton wool	**pamuk**	[pamuk]
iodine	**iyot**	[ijot]
Band-Aid	**yara bandı**	[jara bandı]
eyedropper	**damlalık**	[damlalık]
thermometer	**derece**	[dærædʒæ]
syringe	**şırınga**	[ʃirıŋa]
wheelchair	**tekerlekli sandalye**	[tækærlækli sandaʎʲæ]
crutches	**koltuk değneği**	[koltuk dæjnæi]
painkiller	**anestetik**	[anæstætik]
laxative	**müshil**	[myshiʎ]
spirits (ethanol)	**ispirto**	[ispirto]
medicinal herbs	**şifalı bitkiler**	[ʃifalı bitkilær]
herbal (~ tea)	**bitkisel**	[bitkisæʎ]

APARTMENT

T&P Books Publishing

68. Apartment

apartment	daire	[dairæ]
room	oda	[oda]
bedroom	yatak odası	[jatak odası]
dining room	yemek odası	[jæmæk odası]
living room	misafir odası	[misafir odası]
study (home office)	çalışma odası	[tʃalıʃma odası]

entry room	antre	[antræ]
bathroom (room with a bath or shower)	banyo odası	[baɲ'o odası]
half bath	tuvalet	[tuvalæt]

ceiling	tavan	[tavan]
floor	taban, yer	[taban], [jær]
corner	köşesi	[køʃæsi]

69. Furniture. Interior

furniture	mobilya	[mobiʎja]
table	masa	[masa]
chair	sandalye	[sandaʎ'æ]
bed	yatak	[jatak]
couch, sofa	kanape	[kanapæ]
armchair	koltuk	[koltuk]

bookcase	kitaplık	[kitaplık]
shelf	kitap rafı	[kitap rafı]
shelving unit	etajer	[ætaʒær]

wardrobe	elbise dolabı	[æʎbisæ dolabı]
coat rack (wall-mounted ~)	duvar askısı	[duvar askısı]
coat stand	portmanto	[portmanto]

bureau, dresser	komot	[komot]
coffee table	sehpa	[sæhpa]

mirror	ayna	[ajna]
carpet	halı	[halı]
rug, small carpet	kilim	[kilim]

fireplace	şömine	[ʃominæ]
candle	mum	[mum]

candlestick	mumluk	[mumluk]
drapes	perdeler	[pærdlær]
wallpaper	duvar kağıdı	[duvar kʲaıdı]
blinds (jalousie)	jaluzi	[ʒalyzi]

table lamp	masa lambası	[masa lambası]
wall lamp (sconce)	lamba	[lamba]
floor lamp	ayaklı lamba	[ajaklı lamba]
chandelier	avize	[avizæ]

leg (of chair, table)	ayak	[ajak]
armrest	kol	[kol]
back (backrest)	arkalık	[arkalık]
drawer	çekmece	[ʧækmæʤæ]

70. Bedding

bedclothes	çamaşır	[ʧamaʃır]
pillow	yastık	[jastık]
pillowcase	yastık kılıfı	[jastık kılıfı]
duvet, comforter	battaniye	[battanijæ]
sheet	çarşaf	[ʧarʃaf]
bedspread	örtü	[ørty]

71. Kitchen

kitchen	mutfak	[mutfak]
gas	gaz	[gaz]
gas stove (range)	gaz sobası	[gaz sobası]
electric stove	elektrik ocağı	[ælæktrik oʤaı]
oven	fırın	[fırın]
microwave oven	mikrodalga fırın	[mikrodalga fırın]

refrigerator	buzdolabı	[buzdolabı]
freezer	derin dondurucu	[dærin donduruʤu]
dishwasher	bulaşık makinesi	[bulaʃık makinæsi]

meat grinder	kıyma makinesi	[kıjma makinæsi]
juicer	meyve sıkacağı	[mæjvæ sıkaʤaı]
toaster	tost makinesi	[tost makinæsi]
mixer	mikser	[miksær]

coffee machine	kahve makinesi	[kahvæ makinæsi]
coffee pot	cezve	[ʤæzvæ]
coffee grinder	kahve değirmeni	[kahvæ dæirmæni]

| kettle | çaydanlık | [ʧajdanlık] |
| teapot | demlik | [dæmlik] |

| lid | kapak | [kapak] |
| tea strainer | süzgeci | [syzgædʒi] |

spoon	kaşık	[kaʃık]
teaspoon	çay kaşığı	[ʧaj kaʃı:]
soup spoon	yemek kaşığı	[jæmæk kaʃı:]
fork	çatal	[ʧatal]
knife	bıçak	[bıʧak]

tableware (dishes)	mutfak gereçleri	[mutfak gærætʃlæri]
plate (dinner ~)	tabak	[tabak]
saucer	fincan tabağı	[findʒan tabaı]

shot glass	kadeh	[kadæ]
glass (tumbler)	bardak	[bardak]
cup	fincan	[findʒan]

sugar bowl	şekerlik	[ʃækærlik]
salt shaker	tuzluk	[tuzluk]
pepper shaker	biberlik	[bibærlik]
butter dish	tereyağı tabağı	[tæræjaı tabaı]

stock pot (soup pot)	tencere	[tændʒæræ]
frying pan (skillet)	tava	[tava]
ladle	kepçe	[kæptʃæ]
colander	süzgeç	[syzgætʃ]
tray (serving ~)	tepsi	[tæpsi]

bottle	şişe	[ʃiʃæ]
jar (glass)	kavanoz	[kavanoz]
can	teneke	[tænækæ]

bottle opener	şişe açacağı	[ʃiʃæ atʃadʒaı]
can opener	konserve açacağı	[konsærvæ atʃadʒaı]
corkscrew	tirbuşon	[tirbyʃon]
filter	filtre	[fiʌtræ]
to filter (vt)	filtre etmek	[fiʌtræ ætmæk]

| trash, garbage (food waste, etc.) | çöp | [ʧop] |
| trash can (kitchen ~) | çöp kovası | [ʧop kovası] |

72. Bathroom

bathroom	banyo odası	[banʲo odası]
water	su	[su]
faucet	musluk	[musluk]
hot water	sıcak su	[sıdʒak su]
cold water	soğuk su	[souk su]
toothpaste	diş macunu	[diʃ madʒunu]

to brush one's teeth	dişlerini fırçalamak	[diʃlærini fɪrtʃalamak]
to shave (vi)	tıraş olmak	[tɪraʃ olmak]
shaving foam	tıraş köpüğü	[tɪraʃ køpyju]
razor	jilet	[ʒilæt]

to wash (one's hands, etc.)	yıkamak	[jɪkamak]
to take a bath	yıkanmak	[jɪkanmak]
shower	duş	[duʃ]
to take a shower	duş almak	[duʃ almak]

bathtub	banyo	[baɲ'o]
toilet (toilet bowl)	klozet	[klozæt]
sink (washbasin)	küvet	[kyvæt]

| soap | sabun | [sabun] |
| soap dish | sabunluk | [sabunluk] |

sponge	sünger	[syŋær]
shampoo	şampuan	[ʃampuan]
towel	havlu	[havlu]
bathrobe	bornoz	[bornoz]

laundry (process)	çamaşır yıkama	[tʃamaʃɪr jɪkama]
washing machine	çamaşır makinesi	[tʃamaʃɪr makinæsi]
to do the laundry	çamaşırları yıkamak	[tʃamaʃɪrlarɪ jɪkamak]
laundry detergent	çamaşır deterjanı	[tʃamaʃɪr dætærʒanɪ]

73. Household appliances

TV set	televizyon	[tælæviz'on]
tape recorder	teyp	[tæjp]
VCR (video recorder)	video	[vidæo]
radio	radyo	[rad'o]
player (CD, MP3, etc.)	çalar	[tʃalar]

video projector	projeksiyon makinesi	[proʒæksion makinæsi]
home movie theater	ev sinema	[æv' sinæma]
DVD player	DVD oynatıcı	[dividi ojnatɪdʒɪ]
amplifier	amplifikatör	[amplifikator]
video game console	oyun konsolu	[ojun konsolu]

video camera	video kamera	[vidæokamæra]
camera (photo)	fotoğraf makinesi	[fotoraf makinæsi]
digital camera	dijital fotoğraf makinesi	[diʒital fotoraf makinæsi]

vacuum cleaner	elektrik süpürgesi	[ælæktrik sypyrgæsi]
iron (e.g., steam ~)	ütü	[juty]
ironing board	ütü masası	[juty masasɪ]
telephone	telefon	[tælæfon]
mobile phone	cep telefonu	[dʒæp tælæfonu]

typewriter	**daktilo**	[daktilo]
sewing machine	**dikiş makinesi**	[dikiʃ makinæsi]
microphone	**mikrofon**	[mikrofon]
headphones	**kulaklık**	[kulaklık]
remote control (TV)	**uzaktan kumanda**	[uzaktan kumanda]
CD, compact disc	**CD**	[sidi]
cassette	**teyp kaseti**	[tæjp kasæti]
vinyl record	**vinil plak**	[vinil plak]

T&P BOOKS

THE EARTH. WEATHER

T&P Books Publishing

74. Outer space

space	uzay, evren	[uzaj], [ævræn]
space (as adj)	uzay	[uzaj]
outer space	feza	[fæza]
world	kainat	[kajnat]
universe	evren	[ævræn]
galaxy	galaksi	[galaksi]

star	yıldız	[jıldız]
constellation	takımyıldız	[takımjıldız]
planet	gezegen	[gæzægæn]
satellite	uydu	[ujdu]

meteorite	göktaşı	[gøktaʃı]
comet	kuyruklu yıldız	[kujruklu jıldız]
asteroid	asteroit	[astæroit]

orbit	yörünge	[joryŋæ]
to revolve	dönmek	[dønmæk]
(~ around the Earth)		
atmosphere	atmosfer	[atmosfær]

the Sun	Güneş	[gynæʃ]
solar system	Güneş sistemi	[gynæʃ sistæmi]
solar eclipse	Güneş tutulması	[gynæʃ tutulması]

| the Earth | Dünya | [dyŋja] |
| the Moon | Ay | [aj] |

Mars	Mars	[mars]
Venus	Venüs	[vænys]
Jupiter	Jüpiter	[ʒupitær]
Saturn	Satürn	[satyrn]

Mercury	Merkür	[mærkyr]
Uranus	Uranüs	[uranys]
Neptune	Neptün	[næptyn]
Pluto	Plüton	[plyton]

Milky Way	Samanyolu	[samaɲolu]
Great Bear (Ursa Major)	Büyükayı	[byjuk ajı]
North Star	Kutup yıldızı	[kutup jıldızı]

| Martian | Merihli | [mærihli] |
| extraterrestrial (n) | uzaylı | [uzajlı] |

| alien | uzaylı | [uzajlı] |
| flying saucer | uçan daire | [utʃan dairæ] |

spaceship	uzay gemisi	[uzaj gæmisi]
space station	yörünge istasyonu	[jorynæ istas'onu]
blast-off	uzaya fırlatma	[uzaja fırlatma]

engine	motor	[motor]
nozzle	roket meme	[rokæt mæmæ]
fuel	yakıt	[jakıt]

cockpit, flight deck	kabin	[kabin]
antenna	anten	[antæn]
porthole	lombar	[lombar]
solar panel	güneş pili	[gynæʃ pili]
spacesuit	uzay elbisesi	[uzaj æʌbisæsi]

| weightlessness | ağırlıksızlık | [aırlıksızlık] |
| oxygen | oksijen | [oksiʒæn] |

| docking (in space) | uzayda kenetlenme | [uzajda kænætlænmæ] |
| to dock (vi, vt) | kenetlenmek | [kænætlænmæk] |

observatory	gözlemevi	[gøzlæmævi]
telescope	teleskop	[tælæskop]
to observe (vt)	gözlemlemek	[gøzlæmlæmæk]
to explore (vt)	araştırmak	[araʃtırmak]

75. The Earth

the Earth	Dünya	[dynja]
the globe (the Earth)	yerküre	[jærkyræ]
planet	gezegen	[gæzægæn]

atmosphere	atmosfer	[atmosfær]
geography	coğrafya	[dʒorafja]
nature	doğa	[doa]

globe (table ~)	yerküre	[jærkyræ]
map	harita	[harita]
atlas	atlas	[atlas]

Europe	Avrupa	[avrupa]
Asia	Asya	[asja]
Africa	Afrika	[afrika]
Australia	Avustralya	[avustraʎja]

America	Amerika	[amærika]
North America	Kuzey Amerika	[kuzæj amærika]
South America	Güney Amerika	[gynæj amærika]

| Antarctica | **Antarktik** | [antarktik] |
| the Arctic | **Arktik** | [arktik] |

76. Cardinal directions

north	**kuzey**	[kuzæj]
to the north	**kuzeye**	[kuzæjæ]
in the north	**kuzeyde**	[kuzæjdæ]
northern (adj)	**kuzey**	[kuzæj]

south	**güney**	[gynæj]
to the south	**güneye**	[gynæjæ]
in the south	**güneyde**	[gynæjdæ]
southern (adj)	**güney**	[gynæj]

west	**batı**	[batı]
to the west	**batıya**	[batıja]
in the west	**batıda**	[batıda]
western (adj)	**batı**	[batı]

east	**doğu**	[dou]
to the east	**doğuya**	[douja]
in the east	**doğuda**	[douda]
eastern (adj)	**doğu**	[dou]

77. Sea. Ocean

sea	**deniz**	[dæniz]
ocean	**okyanus**	[okjanus]
gulf (bay)	**körfez**	[kørfæz]
straits	**boğaz**	[boaz]

continent (mainland)	**kıta**	[kıta]
island	**ada**	[ada]
peninsula	**yarımada**	[jarımada]
archipelago	**takımada**	[takımada]

bay, cove	**koy**	[koj]
harbor	**liman**	[liman]
lagoon	**deniz kulağı**	[dæniz kulaı]
cape	**burun**	[burun]

atoll	**atol**	[atol]
reef	**resif**	[ræsif]
coral	**mercan**	[mærdʒan]
coral reef	**mercan kayalığı**	[mærdʒan kajalı:]
deep (adj)	**derin**	[dærin]
depth (deep water)	**derinlik**	[dærinlik]

| abyss | uçurum | [utʃurum] |
| trench (e.g., Mariana ~) | çukur | [tʃukur] |

| current (Ocean ~) | akıntı | [akıntı] |
| to surround (bathe) | çevrelemek | [tʃævrælæmæk] |

| shore | kıyı | [kıjı] |
| coast | kıyı, sahil | [kıjı], [sahil] |

flow (flood tide)	kabarma	[kabarma]
ebb (ebb tide)	cezir	[dʒæzir]
shoal	sığlık	[sı:lık]
bottom (~ of the sea)	dip	[dip]

wave	dalga	[dalga]
crest (~ of a wave)	dağ sırtı	[daı sırtı]
spume (sea foam)	köpük	[køpyk]

storm (sea storm)	fırtına	[fırtına]
hurricane	kasırga	[kasırga]
tsunami	tsunami	[tsunami]
calm (dead ~)	limanlık	[limanlık]
quiet, calm (adj)	sakin	[sakin]

| pole | kutup | [kutup] |
| polar (adj) | kutuplu | [kutuplu] |

latitude	enlem	[ænlæm]
longitude	boylam	[bojlam]
parallel	paralel	[paralæʎ]
equator	ekvator	[ækvator]

sky	gök	[gøk]
horizon	ufuk	[ufuk]
air	hava	[hava]

lighthouse	deniz feneri	[dæniz fænæri]
to dive (vi)	dalmak	[dalmak]
to sink (ab. boat)	batmak	[batmak]
treasures	hazine	[hazinæ]

78. Seas' and Oceans' names

Atlantic Ocean	**Atlas Okyanusu**	[atlas okjanusu]
Indian Ocean	**Hint Okyanusu**	[hint okjanusu]
Pacific Ocean	**Pasifik Okyanusu**	[pasifik okjanusu]
Arctic Ocean	**Kuzey Buz Denizi**	[kuzæj buz dænizi]

| Black Sea | **Karadeniz** | [karadæniz] |
| Red Sea | **Kızıldeniz** | [kızıldæniz] |

| Yellow Sea | Sarı Deniz | [sarı dæniz] |
| White Sea | Beyaz Deniz | [bæjaz dæniz] |

Caspian Sea	Hazar Denizi	[hazar dænizi]
Dead Sea	Ölüdeniz	[ølydæniz]
Mediterranean Sea	Akdeniz	[akdæniz]

| Aegean Sea | Ege Denizi | [ægæ dænizi] |
| Adriatic Sea | Adriyatik Denizi | [adrijatik dænizi] |

Arabian Sea	Umman Denizi	[umman dænizi]
Sea of Japan	Japon Denizi	[ʒapon dænizi]
Bering Sea	Bering Denizi	[bæriŋ dænizi]
South China Sea	Güney Çin Denizi	[gynæj tʃin dænizi]

Coral Sea	Mercan Denizi	[mærdʒan dænizi]
Tasman Sea	Tasman Denizi	[tasman dænizi]
Caribbean Sea	Karayip Denizi	[karaip dænizi]

| Barents Sea | Barents Denizi | [baænts dænizi] |
| Kara Sea | Kara Denizi | [kara dænizi] |

North Sea	Kuzey Denizi	[kuzæj dænizi]
Baltic Sea	Baltık Denizi	[baltık dænizi]
Norwegian Sea	Norveç Denizi	[norvætʃ dænizi]

79. Mountains

mountain	dağ	[da:]
mountain range	dağ silsilesi	[da: silsilæsi]
mountain ridge	sıradağlar	[sırada:lar]

summit, top	zirve	[zirvæ]
peak	doruk, zirve	[doruk], [zirvæ]
foot (~ of the mountain)	etek	[ætæk]
slope (mountainside)	yamaç	[jamatʃ]

volcano	yanardağ	[janarda:]
active volcano	faal yanardağ	[fa:ʎ janarda:]
dormant volcano	sönmüş yanardağ	[sønmyʃ janarda:]

eruption	püskürme	[pyskyrmæ]
crater	yanardağ ağzı	[janarda: a:zı]
magma	magma	[magma]
lava	lav	[lav]
molten (~ lava)	kızgın	[kızgın]

canyon	kanyon	[kaɲ'on]
gorge	boğaz	[boaz]
crevice	dere	[dæræ]

abyss (chasm)	uçurum	[utʃurum]
pass, col	dağ geçidi	[da: gætʃidi]
plateau	yayla	[jajla]
cliff	kaya	[kaja]
hill	tepe	[tæpæ]

glacier	buzluk	[buzluk]
waterfall	şelâle	[ʃælalæ]
geyser	gayzer	[gajzær]
lake	göl	[gøʎ]

plain	ova	[ova]
landscape	manzara	[manzara]
echo	yankı	[jaŋkı]

alpinist	dağcı, alpinist	[da:dʒı], [alpinist]
rock climber	dağcı	[da:dʒı]
to conquer (in climbing)	fethetmek	[fæthætmæk]
climb (an easy ~)	tırmanma	[tırmanma]

80. Mountains names

The Alps	Alp Dağları	[aʎp da:ları]
Mont Blanc	Mont Blanc	[mont blan]
The Pyrenees	Pireneler	[pirinælær]

The Carpathians	Karpatlar	[karpatlar]
The Ural Mountains	Ural Dağları	[ural da:ları]
The Caucasus Mountains	Kafkasya	[kafkasja]
Mount Elbrus	Elbruz Dağı	[ælbrus da:ı]

The Altai Mountains	Altay	[altaj]
The Tian Shan	Tien-şan	[tʲæn ʃan]
The Pamir Mountains	Pamir	[pamir]
The Himalayas	Himalaya Dağları	[himalaja da:ları]
Mount Everest	Everest Dağı	[æværæst da:ı]

| The Andes | And Dağları | [and da:ları] |
| Mount Kilimanjaro | Kilimanjaro | [kilimandʒaro] |

81. Rivers

river	nehir, ırmak	[næhir], [ırmak]
spring (natural source)	kaynak	[kajnak]
riverbed (river channel)	nehir yatağı	[næhir jataı]
basin	havza	[havza]
to flow into ...	... dökülmek	[døkyʎmæk]
tributary	kol	[kol]

bank (of river)	sahil	[sahiʎ]
current (stream)	akıntı	[akıntı]
downstream (adv)	nehir boyunca	[næhir bojundʒa]
upstream (adv)	nehirden yukarı	[næhirdæn jukarı]

inundation	taşkın	[taʃkın]
flooding	nehrin taşması	[næhrin taʃması]
to overflow (vi)	taşmak	[taʃmak]
to flood (vt)	su basmak	[su basmak]

| shallow (shoal) | sığlık | [sı:lık] |
| rapids | nehrin akıntılı yeri | [næhrin akıntılı jæri] |

dam	baraj	[baraʒ]
canal	kanal	[kanal]
reservoir (artificial lake)	baraj gölü	[baraʒ gøly]
sluice, lock	alavere havuzu	[alaværæ havuzu]

water body (pond, etc.)	su birikintisi	[su birikintisi]
swamp (marshland)	bataklık	[bataklık]
bog, marsh	bataklık arazi	[bataklık arazi]
whirlpool	girdap	[girdap]

stream (brook)	dere	[dæræ]
drinking (ab. water)	içilir	[itʃilir]
fresh (~ water)	tatlı	[tatlı]

ice	buz	[buz]
to freeze over	buz tutmak	[buz tutmak]
(ab. river, etc.)		

82. Rivers' names

| Seine | Sen nehri | [sæn næhri] |
| Loire | Loire nehri | [luara næhri] |

Thames	Thames nehri	[tæmz næhri]
Rhine	Ren nehri	[ræn næhri]
Danube	Tuna nehri	[tuna næhri]

Volga	Volga nehri	[volga næhri]
Don	Don nehri	[don næhri]
Lena	Lena nehri	[læna næhri]

Yellow River	Sarı Irmak	[sarı ırmak]
Yangtze	Yangçe nehri	[jaŋtʃæ næhri]
Mekong	Mekong nehri	[mækoŋ næhri]
Ganges	Ganj nehri	[ganʒ næhri]
Nile River	Nil nehri	[nil næhri]
Congo River	Kongo nehri	[koŋo næhri]

Okavango River	**Okavango nehri**	[okavaŋo næhri]
Zambezi River	**Zambezi nehri**	[zambæzi næhri]
Limpopo River	**Limpopo nehri**	[limpopo næhri]
Mississippi River	**Mississippi nehri**	[misisipi næhri]

83. Forest

| forest, wood | **orman** | [orman] |
| forest (as adj) | **orman** | [orman] |

thick forest	**kesif orman**	[kæsif orman]
grove	**koru, ağaçlık**	[koru], [a:tʃlɪk]
forest clearing	**ormanda açıklığı**	[ormanda atʃɪklɪ:]

| thicket | **sık ağaçlık** | [ʃɪk a:tʃlɪk] |
| scrubland | **çalılık** | [tʃalɪlɪk] |

| footpath (troddenpath) | **keçi yolu** | [kætʃi jolu] |
| gully | **sel yatağı** | [sæl jataɪ] |

tree	**ağaç**	[a:tʃ]
leaf	**yaprak**	[japrak]
leaves (foliage)	**yapraklar**	[japraklar]

fall of leaves	**yaprak dökümü**	[japrak døkymy]
to fall (ab. leaves)	**dökülmek**	[døkyʌmæk]
top (of the tree)	**ağacın tepesi**	[a:dʒin tæpæsi]

branch	**dal**	[dal]
bough	**ağaç dalı**	[a:tʃ dalɪ]
bud (on shrub, tree)	**tomurcuk**	[tomurdʒuk]
needle (of pine tree)	**iğne yaprak**	[i:næ japrak]
pine cone	**kozalak**	[kozalak]

hollow (in a tree)	**kovuk**	[kovuk]
nest	**yuva**	[juva]
burrow (animal hole)	**in**	[in]

trunk	**gövde**	[gøvdæ]
root	**kök**	[køk]
bark	**kabuk**	[kabuk]
moss	**yosun**	[josun]

to uproot (remove trees or tree stumps)	**kökünden sökmek**	[køkyndæn søkmæk]
to chop down	**kesmek**	[kæsmæk]
to deforest (vt)	**ağaçları yok etmek**	[a:tʃlarɪ jok ætmæk]
tree stump	**kütük**	[kytyk]
campfire	**kamp ateşi**	[kamp atæʃi]
forest fire	**yangın**	[jaŋɪn]

to extinguish (vt)	söndürmek	[søndyrmæk]
forest ranger	orman bekçisi	[orman bæktʃisi]
protection	koruma	[koruma]
to protect (~ nature)	korumak	[korumak]
poacher	kaçak avcı	[katʃak avdʒı]
steel trap	kapan	[kapan]

| to gather, to pick (vt) | toplamak | [toplamak] |
| to lose one's way | yolunu kaybetmek | [jolunu kajbætmæk] |

84. Natural resources

natural resources	doğal kaynaklar	[doal kajnaklar]
minerals	madensel maddeler	[madænsæl maddælær]
deposits	katman	[katman]
field (e.g., oilfield)	yatak	[jatak]

to mine (extract)	çıkarmak	[tʃıkarmak]
mining (extraction)	maden çıkarma	[madæn tʃikarma]
ore	filiz	[filiz]
mine (e.g., for coal)	maden ocağı	[madæn odʒaı]
shaft (mine ~)	kuyu	[kuju]
miner	maden işçisi	[madæn iʃtʃisi]

| gas (natural ~) | gaz | [gaz] |
| gas pipeline | gaz boru hattı | [gaz boru hattı] |

oil (petroleum)	petrol	[pætrol]
oil pipeline	petrol boru hattı	[pætrol boru hattı]
oil well	petrol kulesi	[pætrol kulæsi]
derrick (tower)	sondaj kulesi	[sondaʒ kulæsi]
tanker	tanker	[taŋkær]

sand	kum	[kum]
limestone	kireçtaşı	[kirætʃtaʃi]
gravel	çakıl	[tʃakılı]
peat	turba	[turba]
clay	kil	[kiʎ]
coal	kömür	[kømyr]

iron (ore)	demir	[dæmir]
gold	altın	[altın]
silver	gümüş	[gymyʃ]
nickel	nikel	[nikæʎ]
copper	bakır	[bakır]

zinc	çinko	[tʃiŋko]
manganese	manganez	[maŋanæz]
mercury	cıva	[dʒıva]
lead	kurşun	[kurʃun]

mineral	mineral	[minæral]
crystal	billur	[billyr]
marble	mermer	[mærmær]
uranium	uranyum	[uraɲ'um]

85. Weather

weather	hava	[hava]
weather forecast	hava tahmini	[hava tahmini]
temperature	sıcaklık	[sıdʒaklık]
thermometer	termometre	[tærmomætræ]
barometer	barometre	[baromætræ]

humidity	nem	[næm]
heat (extreme ~)	sıcaklık	[sıdʒaklık]
hot (torrid)	sıcak	[sıdʒak]
it's hot	hava sıcak	[hava sıdʒak]

it's warm	hava ılık	[hava ılık]
warm (moderately hot)	ılık	[ılık]

it's cold	hava soğuk	[hava souk]
cold (adj)	soğuk	[souk]

sun	güneş	[gynæʃ]
to shine (vi)	ışık vermek	[ıʃık værmæk]
sunny (day)	güneşli	[gynæʃli]
to come up (vi)	doğmak	[do:mak]
to set (vi)	batmak	[batmak]

cloud	bulut	[bulut]
cloudy (adj)	bulutlu	[bulutlu]
rain cloud	yağmur bulutu	[ja:mur bulutu]
somber (gloomy)	kapalı	[kapalı]

rain	yağmur	[ja:mur]
it's raining	yağmur yağıyor	[ja:mur jaıjor]
rainy (~ day, weather)	yağmurlu	[ja:murlu]
to drizzle (vi)	çiselemek	[tʃisælæmæk]

pouring rain	sağanak	[sa:nak]
downpour	şiddetli yağmur	[ʃiddætli ja:mur]
heavy (e.g., ~ rain)	şiddetli, zorlu	[ʃiddætli], [zorlu]
puddle	su birikintisi	[su birikintisi]
to get wet (in rain)	ıslanmak	[ıslanmak]

fog (mist)	sis, duman	[sis], [duman]
foggy	sisli	[sisli]
snow	kar	[kar]
it's snowing	kar yağıyor	[kar jaıjor]

86. Severe weather. Natural disasters

thunderstorm	fırtına	[fırtına]
lightning (~ strike)	şimşek	[ʃimʃæk]
to flash (vi)	çakmak	[tʃakmak]
thunder	gök gürültüsü	[gøk gyryltysy]
to thunder (vi)	gürlemek	[gyrlæmæk]
it's thundering	gök gürlüyor	[gøk gyrlyjor]
hail	dolu	[dolu]
it's hailing	dolu yağıyor	[dolu jaɪjor]
to flood (vt)	su basmak	[su basmak]
flood, inundation	taşkın	[taʃkın]
earthquake	deprem	[dæpræm]
tremor, quake	sarsıntı	[sarsıntı]
epicenter	deprem merkezi	[dæpræm mærkæzi]
eruption	püskürme	[pyskyrmæ]
lava	lav	[lav]
twister	hortum	[hortum]
tornado	kasırga	[kasırga]
typhoon	tayfun	[tajfun]
hurricane	kasırga	[kasırga]
storm	fırtına	[fırtına]
tsunami	tsunami	[tsunami]
cyclone	siklon	[siklon]
bad weather	kötü hava	[køty hava]
fire (accident)	yangın	[jaŋın]
disaster	felaket	[fæʎakæt]
meteorite	göktaşı	[gøktaʃı]
avalanche	çığ	[tʃıː]
snowslide	çığ	[tʃıː]
blizzard	tipi	[tipi]
snowstorm	kar fırtınası	[kar fırtınası]

T&P BOOKS

FAUNA

T&P Books Publishing

87. Mammals. Predators

predator	yırtıcı hayvan	[jɪrtɪʤɪ hajvan]
tiger	kaplan	[kaplan]
lion	aslan	[aslan]
wolf	kurt	[kurt]
fox	tilki	[tiʎki]

jaguar	jagar, jaguar	[ʒagar]
leopard	leopar	[læopar]
cheetah	çita	[ʧita]

black panther	panter	[pantær]
puma	puma	[puma]
snow leopard	kar leoparı	[kar læoparı]
lynx	vaşak	[vaʃak]

coyote	kır kurdu	[kır kurdu]
jackal	çakal	[ʧakal]
hyena	sırtlan	[sırtlan]

88. Wild animals

animal	hayvan	[hajvan]
beast (animal)	vahşi hayvan	[vahʃi hajvan]

squirrel	sincap	[sinʤap]
hedgehog	kirpi	[kirpi]
hare	yabani tavşan	[jabani tavʃan]
rabbit	tavşan	[tavʃan]

badger	porsuk	[porsuk]
raccoon	rakun	[rakun]
hamster	cırlak sıçan	[ʤirlak sıʧan]
marmot	dağ sıçanı	[da: sıʧanı]

mole	köstebek	[køstæbæk]
mouse	fare	[faræ]
rat	sıçan	[sıʧan]
bat	yarasa	[jarasa]

ermine	kakım	[kakım]
sable	samur	[samur]
marten	ağaç sansarı	[a:ʧ sansarı]

| weasel | gelincik | [gælindʒik] |
| mink | vizon | [vizon] |

| beaver | kunduz | [kunduz] |
| otter | su samuru | [su samuru] |

horse	at	[at]
moose	Avrupa musu	[avrupa musu]
deer	geyik	[gæjık]
camel	deve	[dævæ]

bison	bizon	[bizon]
aurochs	Avrupa bizonu	[avrupa bizonu]
buffalo	manda	[manda]

zebra	zebra	[zæbra]
antelope	antilop	[antilop]
roe deer	karaca	[karadʒa]
fallow deer	alageyik	[alagæjık]
chamois	dağ keçisi	[da: kætʃisi]
wild boar	yaban domuzu	[jaban domuzu]

whale	balina	[balina]
seal	fok	[fok]
walrus	mors	[mors]
fur seal	kürklü fok balığı	[kyrkly fok balı:]
dolphin	yunus	[junus]

bear	ayı	[ajı]
polar bear	beyaz ayı	[bæjaz ajı]
panda	panda	[panda]

monkey	maymun	[majmun]
chimpanzee	şempanze	[ʃæmpanzæ]
orangutan	orangutan	[oraŋutan]
gorilla	goril	[goriʎ]
macaque	makak	[makak]
gibbon	jibon	[ʒibon]

| elephant | fil | [fiʎ] |
| rhinoceros | gergedan | [gærgædan] |

| giraffe | zürafa | [zyrafa] |
| hippopotamus | su aygırı | [su ajgırı] |

| kangaroo | kanguru | [kaŋuru] |
| koala (bear) | koala | [koala] |

mongoose	firavunfaresi	[fıravunfaræsi]
chinchilla	şinşilla	[ʃinʃilla]
skunk	kokarca	[kokardʒa]
porcupine	oklukirpi	[oklukirpi]

89. Domestic animals

cat	**kedi**	[kædi]
tomcat	**erkek kedi**	[ærkæk kædi]
horse	**at**	[at]
stallion	**aygır**	[ajgır]
mare	**kısrak**	[kısrak]
cow	**inek**	[inæk]
bull	**boğa**	[boa]
ox	**öküz**	[økyz]
sheep (ewe)	**koyun**	[kojun]
ram	**koç**	[kotʃ]
goat	**keçi**	[kætʃi]
billy goat, he-goat	**teke**	[tækæ]
donkey	**eşek**	[æʃæk]
mule	**katır**	[katır]
pig, hog	**domuz**	[domuz]
piglet	**domuz yavrusu**	[domuz javrusu]
rabbit	**tavşan**	[tavʃan]
hen (chicken)	**tavuk**	[tavuk]
rooster	**horoz**	[horoz]
duck	**ördek**	[ørdæk]
drake	**suna**	[suna]
goose	**kaz**	[kaz]
tom turkey, gobbler	**erkek hindi**	[ærkæk hindi]
turkey (hen)	**dişi hindi**	[diʃi hindi]
domestic animals	**evcil hayvanlar**	[ævdʒiʎ hajvanlar]
tame (e.g., ~ hamster)	**evcil**	[ævdʒiʎ]
to tame (vt)	**evcilleştirmek**	[ævdʒillæʃtirmæk]
to breed (vt)	**yetiştirmek**	[jætiʃtirmæk]
farm	**çiftlik**	[tʃiftlik]
poultry	**kümse hayvanları**	[kymsæ hajvanları]
cattle	**çiftlik hayvanları**	[tʃiftlik hajvanları]
herd (cattle)	**sürü**	[syry]
stable	**ahır**	[ahır]
pigsty	**domuz ahırı**	[domuz ahırı]
cowshed	**inek ahırı**	[inæk ahırı]
rabbit hutch	**tavşan kafesi**	[tavʃan kafæsi]
hen house	**tavuk kümesi**	[tavuk kymæsi]

90. Birds

bird	kuş	[kuʃ]
pigeon	güvercin	[gyværdʒin]
sparrow	serçe	[særtʃæ]
tit	baştankara	[baʃtaŋkara]
magpie	saksağan	[saksa:n]

raven	kara karga, kuzgun	[kara karga], [kuzgun]
crow	karga	[karga]
jackdaw	küçük karga	[kytʃuk karga]
rook	ekin kargası	[ækin kargası]

duck	ördek	[ørdæk]
goose	kaz	[kaz]
pheasant	sülün	[sylyn]

eagle	kartal	[kartal]
hawk	atmaca	[atmadʒa]
falcon	doğan	[doan]
vulture	akbaba	[akbaba]
condor (Andean ~)	kondor	[kondor]

swan	kuğu	[ku:]
crane	turna	[turna]
stork	leylek	[læjlæk]

parrot	papağan	[papa:n]
hummingbird	sinekkuşu	[sinæk kuʃu]
peacock	tavus	[tavus]

ostrich	deve kuşu	[dævæ kuʃu]
heron	balıkçıl	[balıktʃil]
flamingo	flamingo	[flamiŋo]
pelican	pelikan	[pælikan]

| nightingale | bülbül | [byʎbyʎ] |
| swallow | kırlangıç | [kırlaŋıtʃ] |

thrush	ardıç kuşu	[ardıtʃ kuʃu]
song thrush	öter ardıç kuşu	[øtær ardıtʃ kuʃu]
blackbird	karatavuk	[kara tavuk]

swift	sağan	[sa:n]
lark	toygar	[tojgar]
quail	bıldırcın	[bıldırdʒın]

woodpecker	ağaçkakan	[a:tʃkakan]
cuckoo	guguk	[guguk]
owl	baykuş	[bajkuʃ]
eagle owl	puhu kuşu	[puhu kuʃu]

wood grouse	çalıhorozu	[ʧalı horozu]
black grouse	kayın tavuğu	[kajın tavu:]
partridge	keklik	[kæklik]

starling	sığırcık	[sıjırdʒık]
canary	kanarya	[kanarja]
hazel grouse	çil	[ʧiʎ]
chaffinch	ispinoz	[ispinoz]
bullfinch	şakrak kuşu	[ʃakrak kuʃu]

seagull	martı	[martı]
albatross	albatros	[aʎbatros]
penguin	penguen	[pæŋuæn]

91. Fish. Marine animals

bream	çapak balığı	[ʧapak balı:]
carp	sazan	[sazan]
perch	tatlı su levreği	[tatlı su lævræi]
catfish	yayın	[jajın]
pike	turna balığı	[turna balı:]

salmon	som balığı	[som balı:]
sturgeon	mersin balığı	[mærsin balı:]

herring	ringa	[riŋa]
Atlantic salmon	som, somon	[som], [somon]
mackerel	uskumru	[uskumru]
flatfish	kalkan	[kalkan]

zander, pike perch	uzunlevrek	[uzunlævræk]
cod	morina balığı	[morina balı:]
tuna	ton balığı	[ton balı:]
trout	alabalık	[alabalık]

eel	yılan balığı	[jılan balı:]
electric ray	torpilbalığı	[torpil balı:]
moray eel	murana	[murana]
piranha	pirana	[pirana]

shark	köpek balığı	[køpæk balı:]
dolphin	yunus	[junus]
whale	balina	[balina]

crab	yengeç	[jæŋæʧ]
jellyfish	denizanası	[dæniz anası]
octopus	ahtapot	[ahtapot]

starfish	deniz yıldızı	[dæniz jıldızı]
sea urchin	deniz kirpisi	[dæniz kirpisi]

seahorse	denizatı	[dænizatı]
oyster	istiridye	[istiridʲæ]
shrimp	karides	[karidæs]
lobster	ıstakoz	[ıstakoz]
spiny lobster	langust	[laŋust]

92. Amphibians. Reptiles

| snake | yılan | [jılan] |
| venomous (snake) | zehirli | [zæhirli] |

viper	engerek	[æŋiræk]
cobra	kobra	[kobra]
python	piton	[piton]
boa	boa yılanı	[boa jılanı]

grass snake	çayır yılanı	[ʧajır jılanı]
rattle snake	çıngıraklı yılan	[ʧırgıraklı jılan]
anaconda	anakonda	[anakonda]

lizard	kertenkele	[kærtæŋkælæ]
iguana	iguana	[iguana]
monitor lizard	varan	[varan]
salamander	salamandra	[salamandra]
chameleon	bukalemun	[bukalæmun]
scorpion	akrep	[akræp]

turtle	kaplumbağa	[kaplumba:]
frog	kurbağa	[kurba:]
toad	kara kurbağa	[kara kurba:]
crocodile	timsah	[timsah]

93. Insects

insect, bug	böcek, haşere	[bødʒæk], [haʃæræ]
butterfly	kelebek	[kælæbæk]
ant	karınca	[karındʒa]
fly	sinek	[sinæk]
mosquito	sivri sinek	[sivri sinæk]
beetle	böcek	[bødʒæk]

wasp	eşek arısı	[æʃæk arısı]
bee	arı	[arı]
bumblebee	toprak yabanarısı	[toprak jabanarası]
gadfly	at sineği	[at sinæi]

| spider | örümcek | [ørymdʒæk] |
| spider's web | örümcek ağı | [ørymdʒæk aı] |

dragonfly	**kız böceği**	[kɪz bødʒæi]
grasshopper	**çekirge**	[ʧækirgæ]
moth (night butterfly)	**pervane**	[pærvanæ]
cockroach	**hamam böceği**	[hamam bødʒæi]
tick	**kene, sakırga**	[kænæ], [sakɪrga]
flea	**pire**	[piræ]
midge	**tatarcık**	[tatardʒɪk]
locust	**çekirge**	[ʧækirgæ]
snail	**sümüklü böcek**	[symykly bødʒæk]
cricket	**cırcırböceği**	[dʒɪrdʒɪr bødʒæi]
lightning bug	**ateş böceği**	[atæʃ bødʒæi]
ladybug	**uğur böceği**	[uːr bødʒæi]
cockchafer	**mayıs böceği**	[majɪs bødʒæi]
leech	**sülük**	[sylyk]
caterpillar	**tırtıl**	[tɪrtɪl]
earthworm	**solucan**	[soludʒan]
larva	**kurtçuk**	[kurʧuk]

T&P BOOKS

FLORA

T&P Books Publishing

tree	ağaç	[aːtʃ]
deciduous (adj)	geniş yapraklı	[gæniʃ japraklı]
coniferous (adj)	iğne yapraklı	[iːnæ japraklı]
evergreen (adj)	her dem taze	[hær dæm tazæ]

apple tree	elma ağacı	[æʎma aːdʒı]
pear tree	armut ağacı	[armut aːdʒı]
sweet cherry tree	kiraz ağacı	[kiraz aːdʒı]
sour cherry tree	vişne ağacı	[viʃnæ aːdʒı]
plum tree	erik ağacı	[ærik aːdʒı]

birch	huş ağacı	[huʃ aːdʒı]
oak	meşe	[mæʃæ]
linden tree	ıhlamur	[ıhlamur]

| aspen | titrek kavak | [titræk kavak] |
| maple | akça ağaç | [aktʃa aːtʃ] |

spruce	ladin ağacı	[ladin aːdʒı]
pine	çam ağacı	[tʃam aːdʒı]
larch	melez ağacı	[mælæz aːdʒı]

| fir tree | köknar | [køknar] |
| cedar | sedir | [sædir] |

| poplar | kavak | [kavak] |
| rowan | üvez ağacı | [juvæz aːdʒı] |

| willow | söğüt | [søjut] |
| alder | kızılağaç | [kızılaːtʃ] |

| beech | kayın | [kajın] |
| elm | karaağaç | [kara aːtʃ] |

| ash (tree) | dişbudak ağacı | [diʃbudak aːdʒı] |
| chestnut | kestane | [kæstanæ] |

magnolia	manolya	[manoʎja]
palm tree	palmiye	[paʎmijæ]
cypress	servi	[særvi]

baobab	baobab ağacı	[baobab aːdʒı]
eucalyptus	okaliptüs	[okaliptys]
sequoia	sekoya	[sækoja]

95. Shrubs

bush	çalı	[ʧalɪ]
shrub	çalılık	[ʧalɪlɪk]

grapevine	üzüm	[juzym]
vineyard	bağ	[ba:]

raspberry bush	ahududu	[ahududu]
redcurrant bush	kırmızı frenk üzümü	[kɪrmɪzɪ fræŋk juzymy]
gooseberry bush	bektaşi üzümü	[bæktaʃi juzymy]

acacia	akasya	[akasja]
barberry	diken üzümü	[dikæn juzymy]
jasmine	yasemin	[jasæmin]

juniper	ardıç	[ardɪʧ]
rosebush	gül ağacı	[gyʎ a:dʒɪ]
dog rose	yaban gülü	[jaban gyly]

96. Fruits. Berries

fruit	meyve	[mæjvæ]
fruits	meyveler	[mæjvælær]
apple	elma	[æʎma]
pear	armut	[armut]
plum	erik	[ærik]

strawberry	çilek	[ʧilæk]
sour cherry	vişne	[viʃnæ]
sweet cherry	kiraz	[kiraz]
grape	üzüm	[juzym]

raspberry	ahududu	[ahududu]
blackcurrant	siyah frenküzümü	[sijah fræŋkjuzymy]
redcurrant	kırmızı frenk üzümü	[kɪrmɪzɪ fræŋk juzymy]
gooseberry	bektaşi üzümü	[bæktaʃi juzymy]
cranberry	kızılcık	[kɪzɪldʒɪk]

orange	portakal	[portakal]
mandarin	mandalina	[mandalina]
pineapple	ananas	[ananas]
banana	muz	[muz]
date	hurma	[hurma]

lemon	limon	[limon]
apricot	kayısı	[kajɪsɪ]
peach	şeftali	[ʃæftali]
kiwi	kivi	[kivi]

grapefruit	greypfrut	[græjpfrut]
berry	meyve, yemiş	[mæjvæ], [jæmiʃ]
berries	yemişler	[jæmiʃler]
cowberry	kırmızı yabanmersini	[kırmızı jaban mærsini]
field strawberry	yabani çilek	[jabani ʧilæk]
bilberry	yaban mersini	[jaban mærsini]

97. Flowers. Plants

| flower | çiçek | [ʧiʧæk] |
| bouquet (of flowers) | demet | [dæmæt] |

rose (flower)	gül	[gyʎ]
tulip	lale	[ʎalæ]
carnation	karanfil	[karanfiʎ]
gladiolus	glayöl	[glajoʎ]

cornflower	peygamber çiçeği	[pæjgambær ʧiʧæi]
bluebell	çançiçeği	[ʧanʧiʧæi]
dandelion	hindiba	[hindiba]
camomile	papatya	[papatja]

aloe	sarısabır	[sarısabır]
cactus	kaktüs	[kaktys]
rubber plant, ficus	kauçuk ağacı	[kauʧuk a:dʒı]

lily	zambak	[zambak]
geranium	sardunya	[sardunija]
hyacinth	sümbül	[symbyʎ]

mimosa	mimoza	[mimoza]
narcissus	nergis	[nærgis]
nasturtium	latinçiçeği	[latin ʧiʧæi]

orchid	orkide	[orkidæ]
peony	şakayık	[ʃakajık]
violet	menekşe	[mænækʃæ]

pansy	hercai menekşe	[hærdʒai mænækʃæ]
forget-me-not	unutmabeni	[unutmabæni]
daisy	papatya	[papatja]

poppy	haşhaş	[haʃhaʃ]
hemp	kendir	[kændir]
mint	nane	[nanæ]

lily of the valley	inci çiçeği	[indʒi ʧiʧæi]
snowdrop	kardelen	[kardælæn]
nettle	ısırgan otu	[ısırgan otu]
sorrel	kuzukulağı	[kuzukulaı]

water lily	beyaz nilüfer	[bæjaz nilyfær]
fern	eğreltiotu	[ægræltiotu]
lichen	liken	[likæn]

greenhouse (tropical ~)	limonluk	[limonlyk]
lawn	çimen	[tʃimæn]
flowerbed	çiçek tarhı	[tʃitʃæk tarhı]

plant	bitki	[bitki]
grass	ot	[ot]
blade of grass	ot çöpü	[ot tʃopy]

leaf	yaprak	[japrak]
petal	taçyaprağı	[tatʃjapraı]
stem	sap	[sap]
tuber	yumru	[jumru]

| young plant (shoot) | filiz | [filiz] |
| thorn | diken | [dikæn] |

to blossom (vi)	çiçeklenmek	[tʃitʃæklænmæk]
to fade, to wither	solmak	[solmak]
smell (odor)	koku	[koku]
to cut (flowers)	kesmek	[kæsmæk]
to pick (a flower)	koparmak	[koparmak]

98. Cereals, grains

grain	tahıl, tane	[tahıl], [tanæ]
cereal crops	tahıllar	[tahıllar]
ear (of barley, etc.)	başak	[baʃak]

wheat	buğday	[bu:daj]
rye	çavdar	[tʃavdar]
oats	yulaf	[julaf]
millet	darı	[darı]
barley	arpa	[arpa]

corn	mısır	[mısır]
rice	pirinç	[pirintʃ]
buckwheat	karabuğday	[karabu:daj]

pea plant	bezelye	[bæzæʎæ]
kidney bean	fasulye	[fasuʎæ]
soy	soya	[soja]
lentil	mercimek	[mærʤimæk]
beans (pulse crops)	bakla	[bakla]

COUNTRIES OF
THE WORLD

T&P Books Publishing

Afghanistan	Afganistan	[afganistan]
Albania	Arnavutluk	[arnavutluk]
Argentina	Arjantin	[arʒantin]
Armenia	Ermenistan	[ærmænistan]
Australia	Avustralya	[avustraʎja]
Austria	Avusturya	[avusturja]
Azerbaijan	Azerbaycan	[azærbajdʒan]
The Bahamas	Bahama adaları	[bahama adaları]
Bangladesh	Bangladeş	[baŋladæʃ]
Belarus	Beyaz Rusya	[bæjaz rusja]
Belgium	Belçika	[bæʎtʃika]
Bolivia	Bolivya	[bolivja]
Bosnia and Herzegovina	Bosna-Hersek	[bosna hærtsæk]
Brazil	Brezilya	[bræziʎja]
Bulgaria	Bulgaristan	[bulgaristan]
Cambodia	Kamboçya	[kambotʃja]
Canada	Kanada	[kanada]
Chile	Şili	[ʃili]
China	Çin	[tʃin]
Colombia	Kolombiya	[kolombija]
Croatia	Hırvatistan	[hırvatistan]
Cuba	Küba	[kyba]
Cyprus	Kıbrıs	[kıbrıs]
Czech Republic	Çek Cumhuriyeti	[tʃæk dʒumhurijæti]
Denmark	Danimarka	[danimarka]
Dominican Republic	Dominik Cumhuriyeti	[dominik dʒumhurijæti]
Ecuador	Ekvator	[ækvator]
Egypt	Mısır	[mısır]
England	İngiltere	[iɲiʎtæræ]
Estonia	Estonya	[æstoɲja]
Finland	Finlandiya	[finʎandja]
France	Fransa	[fransa]
French Polynesia	Fransız Polinezisi	[fransız polinæzisi]
Georgia	Gürcistan	[gyrdʒistan]
Germany	Almanya	[almaɲja]
Ghana	Gana	[gana]
Great Britain	Büyük Britanya	[byjuk britaɲja]
Greece	Yunanistan	[junanistan]
Haiti	Haiti	[haiti]
Hungary	Macaristan	[madʒaristan]

100. Countries. Part 2

Iceland	İzlanda	[izlanda]
India	Hindistan	[hindistan]
Indonesia	Endonezya	[ændonæzja]
Iran	İran	[iran]
Iraq	Irak	[ɪrak]
Ireland	İrlanda	[irlanda]
Israel	İsrail	[israiʎ]
Italy	İtalya	[itaʎja]
Jamaica	Jamaika	[ʒamajka]
Japan	Japonya	[ʒapoɲja]
Jordan	Ürdün	[urdyn]
Kazakhstan	Kazakistan	[kazakistan]
Kenya	Kenya	[kæɲja]
Kirghizia	Kırgızistan	[kɪrgɪzistan]
Kuwait	Kuveyt	[kuvæjt]
Laos	Laos	[laos]
Latvia	Letonya	[lætoɲja]
Lebanon	Lübnan	[lybnan]
Libya	Libya	[libja]
Liechtenstein	Lihtenştayn	[lihtænʃtajn]
Lithuania	Litvanya	[litvaɲja]
Luxembourg	Lüksemburg	[lyksæmburg]
Macedonia (Republic of ~)	Makedonya	[makædoɲja]
Madagascar	Madagaskar	[madagaskar]
Malaysia	Malezya	[malæzja]
Malta	Malta	[maʎta]
Mexico	Meksika	[mæksika]
Moldova, Moldavia	Moldova	[moldova]
Monaco	Monako	[monako]
Mongolia	Moğolistan	[moːlistan]
Montenegro	Karadağ	[karadaː]
Morocco	Fas	[fas]
Myanmar	Myanmar	[mjanmar]
Namibia	Namibya	[namibja]
Nepal	Nepal	[næpal]
Netherlands	Hollanda	[hollanda]
New Zealand	Yeni Zelanda	[jæni zælanda]
North Korea	Kuzey Kore	[kuzæj koræ]
Norway	Norveç	[norvætʃ]

101. Countries. Part 3

Pakistan	Pakistan	[pakistan]
Panama	Panama	[panama]

Paraguay	**Paraguay**	[paraguaj]
Peru	**Peru**	[pæru]
Poland	**Polonya**	[poloɳja]
Portugal	**Portekiz**	[portækiz]
Romania	**Romanya**	[romaɳja]
Russia	**Rusya**	[rusja]
Saudi Arabia	**Suudi Arabistan**	[su:di arabistan]
Scotland	**İskoçya**	[iskotʃja]
Senegal	**Senegal**	[sænægal]
Serbia	**Sırbistan**	[sırbistan]
Slovakia	**Slovakya**	[slovakja]
Slovenia	**Slovenya**	[slovæɳja]
South Africa	**Güney Afrika Cumhuriyeti**	[gynæj afrika dʒumhurijæti]
South Korea	**Güney Kore**	[gynæj koræ]
Spain	**İspanya**	[ispaɳja]
Suriname	**Surinam**	[surinam]
Sweden	**İsveç**	[isvætʃ]
Switzerland	**İsviçre**	[isvitʃræ]
Syria	**Suriye**	[surijæ]
Taiwan	**Tayvan**	[tajvan]
Tajikistan	**Tacikistan**	[tadʒikistan]
Tanzania	**Tanzanya**	[tanzaɳja]
Tasmania	**Tazmanya**	[tazmanija]
Thailand	**Tayland**	[tailand]
Tunisia	**Tunus**	[tunus]
Turkey	**Türkiye**	[tyrkijæ]
Turkmenistan	**Türkmenistan**	[tyrkmænistan]
Ukraine	**Ukrayna**	[ukrajna]
United Arab Emirates	**Birleşik Arap Emirlikleri**	[birlæʃik arap æmirliklæri]
United States of America	**Amerika Birleşik Devletleri**	[amærika birlæʃik dævlætlæri]
Uruguay	**Uruguay**	[urugvaj]
Uzbekistan	**Özbekistan**	[øzbækistan]
Vatican	**Vatikan**	[vatikan]
Venezuela	**Venezuela**	[vænæzuæla]
Vietnam	**Vietnam**	[vlætnam]
Zanzibar	**Zanzibar**	[zanzibar]

T&P BOOKS

GASTRONOMIC GLOSSARY

This section contains a lot of
words and terms associated
with food. This dictionary will
make it easier for you to
understand the menu at a
restaurant and choose
the right dish

T&P Books Publishing

aftertaste	ağızda kalan tat	[aızda kalan tat]
almond	badem	[badæm]
anise	anason	[anason]
aperitif	aperatif	[apæratif]
appetite	iştah	[iʃtah]
appetizer	çerez	[tʃæræz]
apple	elma	[æʎma]
apricot	kayısı	[kajısı]
artichoke	enginar	[æŋinar]
asparagus	kuşkonmaz	[kuʃkonmaz]
Atlantic salmon	som, somon	[som], [somon]
avocado	avokado	[avokado]
bacon	domuz pastırması	[domuz pastırması]
banana	muz	[muz]
barley	arpa	[arpa]
bartender	barmen	[barmæn]
basil	fesleğen	[fæslæ:n]
bay leaf	defne yaprağı	[dæfnæ japraı]
beans	bakla	[bakla]
beef	sığır eti	[sı:r æti]
beer	bira	[bira]
beetroot	pancar	[pandʒar]
bell pepper	dolma biber	[dolma bibær]
berries	yemişler	[jæmiʃler]
berry	meyve, yemiş	[mæjvæ], [jæmiʃ]
bilberry	yaban mersini	[jaban mærsini]
birch bolete	ak ağaç mantarı	[ak a:tʃ mantarı]
bitter	acı	[adʒı]
black coffee	siyah kahve	[sijah kahvæ]
black pepper	siyah biber	[sijah bibær]
black tea	siyah çay	[sijah tʃaj]
blackberry	böğürtlen	[bøjurtlæn]
blackcurrant	siyah frenk üzümü	[sijah fræŋk juzymy]
boiled	pişmiş	[piʃmiʃ]
bottle opener	şişe açacağı	[ʃiʃæ atʃadʒaı]
bread	ekmek	[ækmæk]
breakfast	kahvaltı	[kahvaltı]
bream	çapak balığı	[tʃapak balı:]
broccoli	brokoli	[brokoli]
Brussels sprouts	Brüksel lâhanası	[bryksæʎ ʎahanası]
buckwheat	karabuğday	[karabu:daj]
butter	tereyağı	[tæræjaı]
buttercream	krema	[kræma]
cabbage	lahana	[ʎahana]

cake	ufak kek	[ufak kæk]
cake	kek, pasta	[kæk], [pasta]
calorie	kalori	[kalori]
can opener	konserve açacağı	[konsærvæ atʃadʒaɪ]
candy	şeker	[ʃækær]
canned food	konserve	[konsærvæ]
cappuccino	kaymaklı kahve	[kajmaklı kahvæ]
caraway	çörek otu	[tʃoræk otu]
carbohydrates	karbonhidratlar	[karbonhidratlar]
carbonated	gazlı	[gazlı]
carp	sazan	[sazan]
carrot	havuç	[havutʃ]
catfish	yayın	[jajın]
cauliflower	karnabahar	[karnabahar]
caviar	havyar	[havjar]
celery	kereviz	[kæræviz]
cep	bir mantar türü	[bir mantar tyry]
cereal crops	tahıllar	[tahıllar]
cereal grains	tane	[tanæ]
champagne	şampanya	[ʃampaɲja]
chanterelle	horozmantarı	[horoz mantarı]
check	hesap	[hæsap]
cheese	peynir	[pæjnir]
chewing gum	sakız, çiklet	[sakız], [tʃiklæt]
chicken	tavuk eti	[tavuk æti]
chocolate	çikolata	[tʃikolata]
chocolate	çikolatalı	[tʃikolatalı]
cinnamon	tarçın	[tartʃın]
clear soup	et suyu	[æt suju]
cloves	karanfil	[karanfiʎ]
cocktail	kokteyl	[koktæjʎ]
coconut	Hindistan cevizi	[hindistan dʒævizi]
cod	morina balığı	[morina balı:]
coffee	kahve	[kahvæ]
coffee with milk	sütlü kahve	[sytly kahvæ]
cognac	konyak	[koɲjak]
cold	soğuk	[souk]
condensed milk	yoğunlaştırılmış süt	[jounlaʃtırılmıʃ syt]
condiment	çeşni	[tʃæʃni]
confectionery	şekerleme	[ʃækærlæmæ]
cookies	bisküvi	[biskyvi]
coriander	kişniş	[kiʃniʃ]
corkscrew	tirbuşon	[tirbyʃon]
corn	mısır	[mısır]
corn	mısır	[mısır]
cornflakes	mısır gevreği	[mısır gævræi]
course, dish	yemek	[jæmæk]
cowberry	kırmızı yabanmersini	[kırmızı jaban mærsini]
crab	yengeç	[jæɲætʃ]
cranberry	kızılcık	[kızıldʒık]
cream	süt kaymağı	[syt kajmaı]
crumb	kırıntı	[kırıntı]

cucumber	salatalık	[salatalık]
cuisine	mutfak	[mutfak]
cup	fincan	[findʒan]
dark beer	siyah bira	[sijah bira]
date	hurma	[hurma]
death cap	köygöçüren mantarı	[køjgytʃuræn mantarı]
dessert	tatlı	[tatlı]
diet	rejim, diyet	[ræʒim], [dijæt]
dill	dereotu	[dæræotu]
dinner	akşam yemeği	[akʃam jæmæi]
dried	kuru	[kuru]
drinking water	içme suyu	[itʃmæ suju]
duck	ördek	[ørdæk]
ear	başak	[baʃak]
edible mushroom	yenir mantar	[jænir mantar]
eel	yılan balığı	[jılan balı:]
egg	yumurta	[jumurta]
egg white	yumurta akı	[jumurta akı]
egg yolk	yumurta sarısı	[jumurta sarısı]
eggplant	patlıcan	[patlıdʒan]
eggs	yumurtalar	[jumurtalar]
Enjoy your meal!	Afiyet olsun!	[afijæt olsun]
fats	yağlar	[ja:lar]
field strawberry	yabani çilek	[jabani tʃilæk]
fig	incir	[indʒir]
filling	iç	[itʃ]
fish	balık	[balık]
flatfish	kalkan	[kalkan]
flour	un	[un]
fly agaric	sinek mantarı	[sinæk mantarı]
food	yemek	[jæmæk]
fork	çatal	[tʃatal]
freshly squeezed juice	taze meyve suyu	[tazæ mæjvæ suju]
fried	kızartılmış	[kızartılmıʃ]
fried eggs	sahanda yumurta	[sahanda jumurta]
fried meatballs	köfte	[køftæ]
frozen	dondurulmuş	[dondurulmuʃ]
fruit	meyve	[mæjvæ]
fruits	meyveler	[mæjvælær]
game	av hayvanları	[av hajvanları]
gammon	tütsülenmiş jambon	[tytsylænmiʃ ʒambon]
garlic	sarımsak	[sarımsak]
gin	cin	[dʒin]
ginger	zencefil	[zændʒæfiʎ]
glass	bardak	[bardak]
glass	kadeh	[kadæ]
goose	kaz	[kaz]
gooseberry	bektaşı üzümü	[bæktaʃı juzymy]
grain	tahıl, tane	[tahıl], [tanæ]
grape	üzüm	[juzym]
grapefruit	greypfrut	[græjpfrut]
green tea	yeşil çay	[jæʃiʎ tʃaj]

greens	yeşillik	[jæʃiʎik]
halibut	pisi balığı	[pisi balı:]
ham	jambon	[ʒambon]
hamburger	kıyma	[kıjma]
hamburger	hamburger	[hamburgær]
hazelnut	fındık	[fındık]
herring	ringa	[riŋa]
honey	bal	[bal]
horseradish	bayırturpu	[bajırturpu]
hot	sıcak	[sıdʒak]
ice	buz	[buz]
ice-cream	dondurma	[dondurma]
instant coffee	hazır kahve	[hazır kahvæ]
jam	reçel, marmelat	[rætʃæʎ], [marmælat]
jam	reçel	[rætʃæʎ]
juice	meyve suyu	[mæjvæ suju]
kidney bean	fasulye	[fasuʎæ]
kiwi	kivi	[kivi]
knife	bıçak	[bıtʃak]
lamb	koyun eti	[kojun æti]
lard	yağ	[ja:]
lemon	limon	[limon]
lemonade	limonata	[limonata]
lentil	mercimek	[mærdʒimæk]
lettuce	yeşil salata	[jæʃiʎ salata]
light beer	hafif bira	[hafif bira]
liqueur	likör	[likør]
liquors	alkollü içkiler	[alkolly itʃkilær]
liver	karaciğer	[karadʒiær]
lunch	öğle yemeği	[øjlæ jæmæi]
mackerel	uskumru	[uskumru]
mandarin	mandalina	[mandalina]
mango	mango	[maŋo]
margarine	margarin	[margarin]
marmalade	marmelat	[marmælat]
mashed potatoes	patates püresi	[patatæs pyræsi]
mayonnaise	mayonez	[majonæz]
meat	et	[æt]
melon	kavun	[kavun]
menu	menü	[mæny]
milk	süt	[syt]
milkshake	sütlü kokteyl	[sytly koktæjʎ]
millet	darı	[darı]
mineral water	maden suyu	[madæn suju]
morel	kuzu mantarı	[kuzu mantarı]
mushroom	mantar	[mantar]
mustard	hardal	[hardal]
non-alcoholic	alkolsüz	[alkoʎsyz]
noodles	erişte	[æriʃtæ]
oats	yulaf	[julaf]
olive oil	zeytin yağı	[zæjtin ja:ı]
olives	zeytin	[zæjtin]

omelet	omlet	[omlæt]
onion	soğan	[soan]
orange	portakal	[portakal]
orange juice	portakal suyu	[portakal suju]
orange-cap boletus	kavak mantarı	[kavak mantarı]
oyster	istiridye	[istiridʲæ]
pâté	ezme	[æzmæ]
papaya	papaya	[papaja]
paprika	kırmızıbiber	[kırmızı bibær]
parsley	maydanoz	[majdanoz]
pasta	makarna	[makarna]
pea	bezelye	[bæzæʎæ]
peach	şeftali	[ʃæftali]
peanut	yerfıstığı	[jærfıstı:]
pear	armut	[armut]
peel	kabuk	[kabuk]
perch	tatlı su levreği	[tatlı su lævræi]
pickled	turşu	[turʃu]
pie	börek	[børæk]
piece	parça	[partʃa]
pike	turna balığı	[turna balı:]
pike perch	uzunlevrek	[uzunlævræk]
pineapple	ananas	[ananas]
pistachios	çam fıstığı	[tʃam fıstı:]
pizza	pizza	[pizza]
plate	tabak	[tabak]
plum	erik	[ærik]
poisonous mushroom	zehirli mantar	[zæhirli mantar]
pomegranate	nar	[nar]
pork	domuz eti	[domuz æti]
porridge	lâpa	[ʎapa]
portion	porsiyon	[porsijon]
potato	patates	[patatæs]
proteins	proteinler	[protæinlær]
pub, bar	bar	[bar]
pumpkin	kabak	[kabak]
rabbit	tavşan eti	[tavʃan æti]
radish	turp	[turp]
raisin	kuru üzüm	[kuru juzym]
raspberry	ahududu	[ahududu]
recipe	yemek tarifi	[jæmæk tarifı]
red pepper	kırmızı biber	[kırmızı bibær]
red wine	kırmızı şarap	[kırmızı ʃarap]
redcurrant	kırmızı frenk üzümü	[kırmızı fræŋk juzymy]
refreshing drink	soğuk meşrubat	[sojuk mæʃrubat]
rice	pirinç	[pirintʃ]
rum	rom	[rom]
russula	çiğ yenen mantar	[tʃi: jænæn mantar]
rye	çavdar	[tʃavdar]
saffron	safran	[safran]
salad	salata	[salata]
salmon	som balığı	[som balı:]

salt	tuz	[tuz]
salty	tuzlu	[tuzlu]
sandwich	sandviç	[sandviʧ]
sardine	sardalye	[sardaʎʲæ]
sauce	salça, sos	[salʧa], [sos]
saucer	fincan tabağı	[findʒan tabaɪ]
sausage	sucuk, sosis	[sudʒuk], [sosis]
seafood	deniz ürünleri	[dæniz jurynlæri]
sesame	susam	[susam]
shark	köpek balığı	[køpæk balɪ:]
shrimp	karides	[karidæs]
side dish	garnitür	[garnityr]
slice	dilim	[dilim]
smoked	tütsülenmiş, füme	[tyʦylænmiʃ], [fymæ]
soft drink	alkolsüz içki	[alkoʌsyz iʧki]
soup	çorba	[ʧorba]
soup spoon	yemek kaşığı	[jæmæk kaʃɪ:]
sour cherry	vişne	[viʃnæ]
sour cream	ekşi krema	[ækʃi kræma]
soy	soya	[soja]
spaghetti	spagetti	[spagætti]
sparkling	maden	[madæn]
spice	baharat	[baharat]
spinach	ıspanak	[ıspanak]
spiny lobster	langust	[laɲust]
spoon	kaşık	[kaʃık]
squid	kalamar	[kalamar]
steak	biftek	[biftæk]
stew	et kızartması, rosto	[æt kızartması], [rosto]
still	gazsız	[gazsız]
strawberry	çilek	[ʧilæk]
sturgeon	mersin balığı	[mærsin balɪ:]
sugar	şeker	[ʃækær]
sunflower oil	ayçiçeği yağı	[ajʧiʧæɪ jaɪ]
sweet	tatlı	[tatlı]
sweet cherry	kiraz	[kiraz]
taste, flavor	tat	[tat]
tasty	tatlı, lezzetli	[tatlı], [læzzætlı]
tea	çay	[ʧaj]
teaspoon	çay kaşığı	[ʧaj kaʃɪ:]
tip	bahşiş	[bahʃiʃ]
tomato	domates	[domatæs]
tomato juice	domates suyu	[domatæs suju]
tongue	dil	[diʌ]
toothpick	kürdan	[kyrdan]
trout	alabalık	[alabalık]
tuna	ton balığı	[ton balɪ:]
turkey	hindi	[hindi]
turnip	şalgam	[ʃalgam]
veal	dana eti	[dana æti]
vegetable oil	bitkisel yağ	[bitkisæʌ ja:]
vegetables	sebze	[sæbzæ]

vegetarian	**vejetaryen kimse**	[væʤætariæn kimsæ]
vegetarian	**vejetaryen**	[væʤætariæn]
vermouth	**vermut**	[værmut]
vienna sausage	**sosis**	[sosis]
vinegar	**sirke**	[sirkæ]
vitamin	**vitamin**	[vitamin]
vodka	**votka**	[votka]
waffles	**gofret**	[gofræt]
waiter	**garson**	[garson]
waitress	**kadın garson**	[kadın garson]
walnut	**ceviz**	[ʤæviz]
water	**su**	[su]
watermelon	**karpuz**	[karpuz]
wheat	**buğday**	[bu:daj]
whisky	**viski**	[viski]
white wine	**beyaz şarap**	[bæjaz ʃarap]
wine	**şarap**	[ʃarap]
wine list	**şarap listesi**	[ʃarap listæsi]
with ice	**buzlu**	[buzlu]
yogurt	**yoğurt**	[jourt]
zucchini	**sakız kabağı**	[sakız kabaı]

Turkish-English gastronomic glossary

Turkish	Pronunciation	English
çörek otu	[ʧøræk otu]	caraway
çam fıstığı	[ʧam fıstıː]	pistachios
çapak balığı	[ʧapak balıː]	bream
çatal	[ʧatal]	fork
çavdar	[ʧavdar]	rye
çay	[ʧaj]	tea
çay kaşığı	[ʧaj kaʃıː]	teaspoon
çeşni	[ʧæʃni]	condiment
çerez	[ʧæræz]	appetizer
çiğ yenen mantar	[ʧiː jænæn mantar]	russula
çikolata	[ʧikolata]	chocolate
çikolatalı	[ʧikolatalı]	chocolate
çilek	[ʧilæk]	strawberry
çorba	[ʧorba]	soup
öğle yemeği	[øjlæ jæmæi]	lunch
ördek	[ørdæk]	duck
üzüm	[juzym]	grape
ıspanak	[ıspanak]	spinach
şalgam	[ʃalgam]	turnip
şampanya	[ʃampaɲja]	champagne
şarap	[ʃarap]	wine
şarap listesi	[ʃarap listæsi]	wine list
şeftali	[ʃæftali]	peach
şeker	[ʃækær]	sugar
şeker	[ʃækær]	candy
şekerleme	[ʃækærlæmæ]	confectionery
şişe açacağı	[ʃiʃæ aʧaʤaı]	bottle opener
ağızda kalan tat	[aızda kalan tat]	aftertaste
acı	[aʤı]	bitter
Afiyet olsun!	[afijæt olsun]	Enjoy your meal!
ahududu	[ahududu]	raspberry
ak ağaç mantarı	[ak aːʧ mantarı]	birch bolete
akşam yemeği	[akʃam jæmæi]	dinner
alabalık	[alabalık]	trout
alkollü içkiler	[alkolly iʧkilær]	liquors
alkolsüz	[alkoʎsyz]	non-alcoholic
alkolsüz içki	[alkoʎsyz iʧki]	soft drink
ananas	[ananas]	pineapple
anason	[anason]	anise
aperatif	[apæratif]	aperitif
armut	[armut]	pear
arpa	[arpa]	barley
av hayvanları	[av hajvanları]	game
avokado	[avokado]	avocado

ayçiçeği yağı	[ajtʃitʃæɪ jaɪ]	sunflower oil
böğürtlen	[bøjurtlæn]	blackberry
börek	[børæk]	pie
bıçak	[bɪtʃak]	knife
başak	[baʃak]	ear
badem	[badæm]	almond
bahşiş	[bahʃiʃ]	tip
baharat	[baharat]	spice
bakla	[bakla]	beans
bal	[bal]	honey
balık	[balɪk]	fish
bar	[bar]	pub, bar
bardak	[bardak]	glass
barmen	[barmæn]	bartender
bayırturpu	[bajɪrturpu]	horseradish
bektaşı üzümü	[bæktaʃɪ juzymy]	gooseberry
beyaz şarap	[bæjaz ʃarap]	white wine
bezelye	[bæzæʎæ]	pea
biftek	[biftæk]	steak
bir mantar türü	[bir mantar tyry]	cep
bira	[bira]	beer
bisküvi	[biskyvi]	cookies
bitkisel yağ	[bitkisæʎ ja:]	vegetable oil
Brüksel lâhanası	[bryksæʎ ʎahanasɪ]	Brussels sprouts
brokoli	[brokoli]	broccoli
buğday	[bu:daj]	wheat
buz	[buz]	ice
buzlu	[buzlu]	with ice
ceviz	[dʒæviz]	walnut
cin	[dʒin]	gin
dana eti	[dana æti]	veal
darı	[darɪ]	millet
defne yaprağı	[dæfnæ japraɪ]	bay leaf
deniz ürünleri	[dæniz jurynlæri]	seafood
dereotu	[dæræotu]	dill
dil	[diʎ]	tongue
dilim	[dilim]	slice
dolma biber	[dolma bibær]	bell pepper
domates	[domatæs]	tomato
domates suyu	[domatæs suju]	tomato juice
domuz eti	[domuz æti]	pork
domuz pastırması	[domuz pastɪrmasɪ]	bacon
dondurma	[dondurma]	ice-cream
dondurulmuş	[dondurulmuʃ]	frozen
ekşi krema	[ækʃi kræma]	sour cream
ekmek	[ækmæk]	bread
elma	[æʎma]	apple
enginar	[æŋinar]	artichoke
erişte	[æriʃtæ]	noodles
erik	[ærik]	plum
et	[æt]	meat
et kızartması, rosto	[æt kɪzartmasɪ], [rosto]	stew

et suyu	[æt suju]	clear soup
ezme	[æzmæ]	pâté
fındık	[fındık]	hazelnut
fasulye	[fasuʎæ]	kidney bean
fesleğen	[fæslæ:n]	basil
fincan	[findʒan]	cup
fincan tabağı	[findʒan tabaı]	saucer
garnitür	[garnityr]	side dish
garson	[garson]	waiter
gazlı	[gazlı]	carbonated
gazsız	[gazsız]	still
gofret	[gofræt]	waffles
greypfrut	[græjpfrut]	grapefruit
hafif bira	[hafif bira]	light beer
hamburger	[hamburgær]	hamburger
hardal	[hardal]	mustard
havuç	[havutʃ]	carrot
havyar	[havjar]	caviar
hazır kahve	[hazır kahvæ]	instant coffee
hesap	[hæsap]	check
hindi	[hindi]	turkey
Hindistan cevizi	[hindistan dʒævizi]	coconut
horozmantarı	[horoz mantarı]	chanterelle
hurma	[hurma]	date
iç	[itʃ]	filling
içme suyu	[itʃmæ suju]	drinking water
iştah	[iʃtah]	appetite
incir	[indʒir]	fig
istiridye	[istiridʲæ]	oyster
jambon	[ʒambon]	ham
köfte	[køftæ]	fried meatballs
köpek balığı	[køpæk balı:]	shark
köygöçüren mantarı	[køjgytʃuræn mantarı]	death cap
kürdan	[kyrdan]	toothpick
kırıntı	[kırıntı]	crumb
kırmızı şarap	[kırmızı ʃarap]	red wine
kırmızı biber	[kırmızı bibær]	red pepper
kırmızı frenk üzümü	[kırmızı fræŋk juzymy]	redcurrant
kırmızı yabanmersini	[kırmızı jaban mærsini]	cowberry
kırmızıbiber	[kırmızı bibær]	paprika
kıyma	[kıjma]	hamburger
kızılcık	[kızıldʒık]	cranberry
kızartılmış	[kızartılmıʃ]	fried
kaşık	[kaʃık]	spoon
kabak	[kabak]	pumpkin
kabuk	[kabuk]	peel
kadın garson	[kadın garson]	waitress
kadeh	[kadæ]	glass
kahvaltı	[kahvaltı]	breakfast
kahve	[kahvæ]	coffee
kalamar	[kalamar]	squid
kalkan	[kalkan]	flatfish

kalori	[kalori]	calorie
karabuğday	[karabu:daj]	buckwheat
karaciğer	[karadʒiær]	liver
karanfil	[karanfiʎ]	cloves
karbonhidratlar	[karbonhidratlar]	carbohydrates
karides	[karidæs]	shrimp
karnabahar	[karnabahar]	cauliflower
karpuz	[karpuz]	watermelon
kavak mantarı	[kavak mantarı]	orange-cap boletus
kavun	[kavun]	melon
kayısı	[kajısı]	apricot
kaymaklı kahve	[kajmaklı kahvæ]	cappuccino
kaz	[kaz]	goose
kek, pasta	[kæk], [pasta]	cake
kereviz	[kæræviz]	celery
kişniş	[kiʃniʃ]	coriander
kiraz	[kiraz]	sweet cherry
kivi	[kivi]	kiwi
kokteyl	[koktæjʎ]	cocktail
konserve	[konsærvæ]	canned food
konserve açacağı	[konsærvæ atʃadʒaı]	can opener
konyak	[koɲjak]	cognac
koyun eti	[kojun æti]	lamb
krema	[kræma]	buttercream
kuşkonmaz	[kuʃkonmaz]	asparagus
kuru	[kuru]	dried
kuru üzüm	[kuru juzym]	raisin
kuzu mantarı	[kuzu mantarı]	morel
lâpa	[ʎapa]	porridge
lahana	[ʎahana]	cabbage
langust	[laɲust]	spiny lobster
likör	[likør]	liqueur
limon	[limon]	lemon
limonata	[limonata]	lemonade
mısır	[mısır]	corn
mısır	[mısır]	corn
mısır gevreği	[mısır gævræi]	cornflakes
maden	[madæn]	sparkling
maden suyu	[madæn suju]	mineral water
makarna	[makarna]	pasta
mandalina	[mandalina]	mandarin
mango	[maɲo]	mango
mantar	[mantar]	mushroom
margarin	[margarin]	margarine
marmelat	[marmælat]	marmalade
maydanoz	[majdanoz]	parsley
mayonez	[majonæz]	mayonnaise
menü	[mæny]	menu
mercimek	[mærdʒimæk]	lentil
mersin balığı	[mærsin balı:]	sturgeon
meyve	[mæjvæ]	fruit
meyve suyu	[mæjvæ suju]	juice

meyve, yemiş	[mæjvæ], [jæmiʃ]	berry
meyveler	[mæjvælær]	fruits
morina balığı	[morina balı:]	cod
mutfak	[mutfak]	cuisine
muz	[muz]	banana
nar	[nar]	pomegranate
omlet	[omlæt]	omelet
pancar	[pandʒar]	beetroot
papaya	[papaja]	papaya
parça	[parʧa]	piece
patates	[patatæs]	potato
patates püresi	[patatæs pyræsi]	mashed potatoes
patlıcan	[patlıdʒan]	eggplant
peynir	[pæjnir]	cheese
pişmiş	[piʃmiʃ]	boiled
pirinç	[pirinʧ]	rice
pisi balığı	[pisi balı:]	halibut
pizza	[pizza]	pizza
porsiyon	[porsijon]	portion
portakal	[portakal]	orange
portakal suyu	[portakal suju]	orange juice
proteinler	[protæinlær]	proteins
reçel	[ræʧæʎ]	jam
reçel, marmelat	[ræʧæʎ], [marmælat]	jam
rejim, diyet	[ræʒim], [dijæt]	diet
ringa	[riŋa]	herring
rom	[rom]	rum
süt	[syt]	milk
süt kaymağı	[syt kajmaı]	cream
sütlü kahve	[sytly kahvæ]	coffee with milk
sütlü kokteyl	[sytly koktæjʎ]	milkshake
sığır eti	[sı:r æti]	beef
sıcak	[sıdʒak]	hot
safran	[safran]	saffron
sahanda yumurta	[sahanda jumurta]	fried eggs
sakız kabağı	[sakız kabaı]	zucchini
sakız, çiklet	[sakız], [ʧiklæt]	chewing gum
salça, sos	[salʧa], [sos]	sauce
salata	[salata]	salad
salatalık	[salatalık]	cucumber
sandviç	[sandviʧ]	sandwich
sarımsak	[sarımsak]	garlic
sardalye	[sardaʎæ]	sardine
sazan	[sazan]	carp
sebze	[sæbzæ]	vegetables
sinek mantarı	[sinæk mantarı]	fly agaric
sirke	[sirkæ]	vinegar
siyah çay	[sijah ʧaj]	black tea
siyah biber	[sijah bibær]	black pepper
siyah bira	[sijah bira]	dark beer
siyah frenk üzümü	[sijah fræŋk juzymy]	blackcurrant
siyah kahve	[sijah kahvæ]	black coffee

soğan	[soan]	onion
soğuk	[souk]	cold
soğuk meşrubat	[sojuk mæ∫rubat]	refreshing drink
som balığı	[som balı:]	salmon
som, somon	[som], [somon]	Atlantic salmon
sosis	[sosis]	vienna sausage
soya	[soja]	soy
spagetti	[spagætti]	spaghetti
su	[su]	water
sucuk, sosis	[sudʒuk], [sosis]	sausage
susam	[susam]	sesame
tütsülenmiş jambon	[tytsylænmi∫ ʒambon]	gammon
tütsülenmiş, füme	[tytsylænmi∫], [fymæ]	smoked
tabak	[tabak]	plate
tahıl, tane	[tahıl], [tanæ]	grain
tahıllar	[tahıllar]	cereal crops
tane	[tanæ]	cereal grains
tarçın	[tart∫ın]	cinnamon
tat	[tat]	taste, flavor
tatlı	[tatlı]	sweet
tatlı	[tatlı]	dessert
tatlı su levreği	[tatlı su lævræi]	perch
tatlı, lezzetli	[tatlı], [læzzætlı]	tasty
tavşan eti	[tav∫an æti]	rabbit
tavuk eti	[tavuk æti]	chicken
taze meyve suyu	[tazæ mæjvæ suju]	freshly squeezed juice
tereyağı	[tæræjaı]	butter
tirbuşon	[tirby∫on]	corkscrew
ton balığı	[ton balı:]	tuna
turşu	[tur∫u]	pickled
turna balığı	[turna balı:]	pike
turp	[turp]	radish
tuz	[tuz]	salt
tuzlu	[tuzlu]	salty
ufak kek	[ufak kæk]	cake
un	[un]	flour
uskumru	[uskumru]	mackerel
uzunlevrek	[uzunlævræk]	pike perch
vejetaryen	[vædʒætariæn]	vegetarian
vejetaryen kimse	[vædʒætariæn kimsæ]	vegetarian
vermut	[værmut]	vermouth
vişne	[vi∫næ]	sour cherry
viski	[viski]	whisky
vitamin	[vitamin]	vitamin
votka	[votka]	vodka
yılan balığı	[jılan balı:]	eel
yağ	[ja:]	lard
yağlar	[ja:lar]	fats
yaban mersini	[jaban mærsini]	bilberry
yabani çilek	[jabani t∫ilæk]	field strawberry
yayın	[jajın]	catfish
yeşil çay	[jæ∫iʎ t∫aj]	green tea

yeşil salata	[jæʃiʎ salata]	lettuce
yeşillik	[jæʃiʎik]	greens
yemek	[jæmæk]	course, dish
yemek	[jæmæk]	food
yemek kaşığı	[jæmæk kaʃiː]	soup spoon
yemek tarifi	[jæmæk tarifi]	recipe
yemişler	[jæmiʃler]	berries
yengeç	[jæŋætʃ]	crab
yenir mantar	[jænir mantar]	edible mushroom
yerfıstığı	[jærfistiː]	peanut
yoğunlaştırılmış süt	[jounlaʃtirilmiʃ syt]	condensed milk
yoğurt	[jourt]	yogurt
yulaf	[julaf]	oats
yumurta	[jumurta]	egg
yumurta akı	[jumurta aki]	egg white
yumurta sarısı	[jumurta sarisi]	egg yolk
yumurtalar	[jumurtalar]	eggs
zehirli mantar	[zæhirli mantar]	poisonous mushroom
zencefil	[zændʒæfiʎ]	ginger
zeytin	[zæjtin]	olives
zeytin yağı	[zæjtin jaı]	olive oil